SÉRIE METODOLOGIA DO SERVIÇO SOCIAL

DIALÓGICA

EDITORA intersaberes

O selo DIALÓGICA da Editora InterSaberes faz referência às publicações que privilegiam uma linguagem na qual o autor dialoga com o leitor por meio de recursos textuais e visuais, o que torna o conteúdo muito mais dinâmico. São livros que criam um ambiente de interação com o leitor – seu universo cultural, social e de elaboração de conhecimentos –, possibilitando um real processo de interlocução para que a comunicação se efetive.

Desenvolvimento capitalista e o serviço social

Ana Carolina Vidigal
Pollyanna Rodrigues Gondin

Conselho editorial
Dr. Ivo José Both (presidente)
Dr.ª Elena Godoy
Dr. Neri dos Santos
Dr. Ulf Gregor Baranow

Editora-chefe
Lindsay Azambuja

Supervisora editorial
Ariadne Nunes Wenger

Analista editorial
Ariel Martins

Preparação de originais
Bruno Gabriel

Edição de texto
Fábia Mariela de Biasi
Gustavo Piratello de Castro

Capa e projeto gráfico
Laís Galvão

Diagramação
Alfredo Netto

Equipe de *design*
Luana Machado Amaro
Charles L. da Silva

Iconografia
Celia Kikue Suzuki
Regina Claudia Cruz Prestes

Dados Internacionais de Catalogação na Publicação (CIP)
(Câmara Brasileira do Livro, SP, Brasil)

Vidigal, Ana Carolina
    Desenvolvimento capitalista e o serviço social/Ana Carolina Vidigal, Pollyanna Rodrigues Gondin. Curitiba: InterSaberes, 2019. (Série Metodologia do Serviço Social)

    Bibliografia.
    ISBN 978-85-227-0100-1

    1. Brasil – Aspectos econômicos 2. Capitalismo 3. Capitalismo – Brasil 4. Serviço social 5. Serviço social - Brasil I. Gondin, Pollyanna Rodrigues. II. Título. III. Série.

19-27961   CDD-361.3

Índices para catálogo sistemático:
1. Capitalismo e serviço social   361.3

Cibele Maria Dias – Bibliotecária – CRB-8/9427

1ª edição, 2019.
Foi feito o depósito legal.

Informamos que é de inteira responsabilidade das autoras a emissão de conceitos.

Nenhuma parte desta publicação poderá ser reproduzida por qualquer meio ou forma sem a prévia autorização da Editora InterSaberes.

A violação dos direitos autorais é crime estabelecido na Lei n. 9.610/1998 e punido pelo art. 184 do Código Penal.

Rua Clara Vendramin, 58 ▪ Mossunguê ▪ CEP 81200-170 ▪ Curitiba ▪ PR ▪ Brasil
Fone: (41) 2106-4170 ▪ www.intersaberes.com ▪ editora@editoraintersaberes.com.br

Sumário

Apresentação | 7
Como aproveitar ao máximo este livro | 10

1. **Modos de produção pré-capitalistas: uma evolução do primitivo ao feudal | 17**
   1.1 Modo de produção primitivo | 20
   1.2 Modo de produção asiático | 22
   1.3 Modo de produção feudal | 25

2. **Modo de produção capitalista: ascensão e consolidação | 39**
   2.1 Substituição do feudalismo e o surgimento de uma nova ordem econômica | 42
   2.2 Primeira fase: capitalismo comercial ou mercantilismo | 45
   2.3 Segunda fase: capitalismo industrial ou industrialismo | 48
   2.4 Terceira fase: capitalismo financeiro ou monopolista | 54

3. **Histórico do capitalismo no Brasil | 65**
   3.1 O Brasil Colônia e suas principais características | 67
   3.2 Economia escravista mercantil brasileira (1810-1888) | 70
   3.3 A economia exportadora capitalista e as origens da indústria brasileira (1888-1933) | 74
   3.4 Industrialização restringida segundo João Manoel Cardoso de Mello (1933-1955) | 78
   3.5 O capitalismo e a industrialização pesada (1955 em diante) | 82

4. **Desenvolvimento capitalista no Brasil e sua relação com o serviço social na história | 95**
   4.1 O capitalismo e o serviço social no Brasil | 98
   4.2 Capitalismo, serviço social e democracia brasileira | 112
   4.3 O neoliberalismo e o serviço social no Brasil nos anos 1990 | 119

5. Implicações do modo de produção capitalista para o serviço social | 135
   5.1 Questão social: entendimento do conceito para o capitalismo e para o serviço social | 137
   5.2 Implicações do capitalismo para o serviço social | 144
   5.3 A dimensão política do serviço social e o sistema capitalista | 154

Estudo de caso | 167
Para concluir... | 171
Referências | 175
Respostas | 185
Sobre as autoras | 191

Apresentação

Caro leitor, seja bem-vindo ao nosso livro *Desenvolvimento capitalista e o serviço social*. Esta obra foi totalmente pensada para a sua rotina de estudos. Buscamos apresentar o conteúdo de forma clara e objetiva, na tentativa de tornar a leitura mais prazerosa e amigável.

Quando você ouve falar sobre *desenvolvimento capitalista*, o que vem à sua mente? Você pensa na conjuntura política ou nas relações monetárias existentes? Ou considera o desenvolvimento econômico dos diversos países? Quais relações você é capaz de estabelecer entre esse tema e o serviço social? O que você acredita que encontrará em um livro que cruza os dois assuntos?

Pois bem. O livro vai apresentar a evolução das relações sociais subordinadas ao modo de produção capitalista, com o objetivo de compreender como o serviço social está disposto politicamente nesse contexto. Veremos que o capitalismo vai muito além de mero poder econômico, como muitos ainda acreditam.

O capitalismo é um modo de produção, um sistema econômico e, também, uma superestrutura ideológica que atua pela sua manutenção. Mas qual é a relação entre o sistema capitalista e o serviço social? Teria sido o atual sistema socioeconômico um fator determinante para a criação desse campo de atuação?

As duas áreas se entrecruzam no tempo. O serviço social, em essência, é uma resposta a características da nossa época e modifica-se sempre que o modelo de sociedade impõe novos desafios e necessidades.

Assim, nesta obra, buscamos analisar os dois movimentos, apontando as influências de um no outro. Com vistas a reproduzir essa organização, dividimos o livro em duas partes principais. No momento inicial, a atenção voltou-se para o desenvolvimento do capitalismo, desde os primórdios até sua predominância no Ocidente. É preciso revisar o processo histórico para entender como o serviço social está inserido nele.

Desenvolvemos a argumentação ao longo de cinco capítulos, somados a esta introdução e às considerações finais. Os três primeiros dedicam-se ao estudo do desenvolvimento capitalista, e os dois últimos, à profissão e sua relação com o sistema.

O Capítulo 1 introduz os modos de produção pré-capitalistas, narrando desde os modos de produção primitivos até o declínio do sistema feudal. Por que esse estudo é importante? Se vamos trabalhar com o sistema capitalista, por que retornar à sistemática anterior? Bom, precisamos entender os fatores embrionários que fizeram nosso objeto de estudo surgir e se expandir. Entender por que ele passou a existir é a primeira pista para especular o caminho que ele poderá tomar.

O Capítulo 2 finca os dois pés no terreno do capitalismo. No século XV, após o declínio da ordem feudal, o espaço urbano torna-se o ponto central para a consolidação de uma nova ordem econômica. Essa transição caracterizou-se por três fases essenciais. A primeira, uma fase pré-capitalista do século XV ao XVIII, também conhecida como *capitalismo comercial* ou *mercantilismo*. Em seguida, o chamado *capitalismo industrial* se estende até meados do século XIX. A terceira e atual fase, que surgiu a partir do século XX, é comumente conhecida como *capitalismo financeiro* ou *monopolista*.

O Capítulo 3 destaca o modo de produção da *economia brasileira*. Para compreender o capitalismo nacional, é fundamental analisar o contexto em que o Brasil foi formado. O país é colonizado para atender a demandas de um capitalismo que então ascendia. Independente, a nação migra para uma *economia agroexportadora e industrial*. O ponto de virada para a industrialização pesada, a partir de 1955, foi o dinamismo do governo Juscelino Kubitschek, o Plano de Metas, o Programa de Ação Econômica do Governo (PAEG), o II Plano Nacional de Desenvolvimento (PND) e o desenvolvimento da indústria pesada no país. Examinaremos com afinco cada uma dessas ações políticas.

O Capítulo 4 vai, então, radiografar o desenvolvimento do *sistema capitalista no Brasil*. Nosso personagem principal, o serviço social, surgirá a partir do choque de *consequências humanas* da organização da instituição capitalista.

O Capítulo 5, por fim, abordará as implicações de tal sistema para o serviço social contemporâneo. Refletiremos sobre o que a sociedade exige de nós, profissionais. Qual é a nossa missão diante desse estado de coisas? Que ações devemos tomar para realizar nosso trabalho com impacto e eficiência?

Imaginamos que o futuro assistente social seja alguém que tenha percebido em si um amor incondicional pela humanidade. Esperamos que este livro seja o exercício e o desenvolvimento dessa paixão.

Desejamos bons estudos! Você está entre colegas, portanto, conte sempre conosco!

Como aproveitar ao máximo este livro

Este livro traz alguns recursos que visam enriquecer o seu aprendizado, facilitar a compreensão dos conteúdos e tornar a leitura mais dinâmica. São ferramentas projetadas de acordo com a natureza dos temas que vamos examinar. Veja a seguir como esses recursos se encontram distribuídos no decorrer desta obra.

Conteúdos do capítulo

Logo na abertura do capítulo, você fica conhecendo os conteúdos que nele serão abordados.

Após o estudo deste capítulo, você será capaz de:

Você também é informado a respeito das competências que irá desenvolver e dos conhecimentos que irá adquirir com o estudo do capítulo.

Importante!

Você sabe o que é liberalismo? A teoria do liberalismo foi desenvolvida por Adam Smith e John Stuart Mill. Esses autores defendem que o próprio modo de produção capitalista contém mecanismos eficientes de autorregulação (também conhecidos como *mão invisível*). Para Smith, cada indivíduo que age livremente em prol de interesses próprios produz um resultado não intencional que beneficia toda a sociedade: o progresso e a riqueza da nação (Paulani, 1999). A iniciativa individual geraria um resultado positivo marginal para toda a população, incluindo as classes mais baixas (Paulani, 1999). Desse modo, o papel do Estado deveria limitar-se à defesa da ordem capitalista e do sistema de livre concorrência.

Apesar das profundas transformações econômico-sociais que se estenderam para além da Inglaterra[2] em caráter permanente, a Revolução Industrial não deixou de ser um processo contraditório (Sandroni, 2010). De um lado, era possível notar o aumento da produtividade e o aprofundamento da divisão social do trabalho. Do outro, era perceptível a miséria da maioria dos trabalhadores, obrigados a trabalhar até 16 horas por dia. Eram coagidos com a ameaça constante de desemprego, além de serem privados de direitos políticos e sociais. Essa situação levou à formação dos primeiros sindicatos, à elaboração do pensamento socialista e da erupção de diversas revoltas de trabalhadores.

É possível sintetizar as tensões da Revolução Industrial desta forma:

> A Revolução Industrial vai além da ideia de grande desenvolvimento dos mecanismos tecnológicos aplicados à produção, na medida em que: consolidou o capitalismo; aumentou de forma rapidíssima a produtividade do trabalho; originou novos comportamentos sociais,

---
[2] Ressaltamos que a Revolução Industrial expandiu-se para outros países: França (1804-1815), Alemanha (iniciou-se depois de 1840 e intensificou-se após a unificação nacional em 1870), Estados Unidos (acelerou-se após a Guerra de Secessão, 1865, e da conquista do Oeste) (Sandroni, 2010).

Importante!

Algumas das informações mais importantes da obra aparecem nestes boxes. Aproveite para fazer sua própria reflexão sobre os conteúdos apresentados.

Entre as mais importantes estavam aquelas que criavam uma classe trabalhadora sistematicamente privada do controle sobre o processo de produção e forçada a uma situação em que a venda de sua força de trabalho era a única possibilidade de sobrevivência. (Hunt, 2005, p. 14)

Além disso, durante o período de transição, é importante referenciar o movimento dos **cercamentos**, que começou na Inglaterra no século XIII e intensificou-se entre os séculos XV e XVI. Os cercamentos e o crescimento populacional levaram à destruição dos laços feudais que ainda existiam, criando uma nova força de trabalho (Hunt, 2005).

Preste atenção!

Cercamentos, ou *enclosures*, representam o processo de exclusão dos trabalhadores de seu meio de sustento (terras produtivas) na transição do feudalismo para o capitalismo, mediante sua transformação em propriedade. Nesse processo, as terras eram cercadas e utilizadas como pasto de ovelha para atender à demanda por lã, que nascia em razão da indústria têxtil (Fauusp, 2015).

Outros fatores devem ser considerados como fundamentais para a origem da nova classe operária:

> Inúmeros camponeses, pequenos proprietários de terra e membros da pequena nobreza foram à falência com os exorbitantes aumentos dos aluguéis monetários. Dívidas acumuladas que não podiam ser saldadas arruinaram muitos outros. Nas cidades maiores e menores, as guildas passaram a procurar-se cada vez mais com os níveis de renda de seus membros. Era óbvio, para os artífices e mercadores das corporações, que os passos dados para minimizar o número de seus membros serviriam para monopolizar seus ofícios e para aumentar suas rendas. Um número cada vez maior de produtores urbanos passou a não ter direito a ter qualquer meio de produção independente, à medida que as guildas ficavam mais exclusivas. Assim, uma parcela considerável da nova classe operária foi criada nas cidades pequenas e grandes. (Hunt, 2005, p. 15)

Preste atenção!

Nestes boxes, você confere informações complementares a respeito do assunto que está sendo tratado.

Modo de produção capitalista: ascensão e consolidação

É preciso, ainda, considerar o **progresso científico**. A partir das revoluções do conhecimento do início da modernidade, o ser humano transformou sua visão e partiu em uma busca renovada pelo entendimento do mundo. Não eram apenas questões científicas e filosóficas. A técnica deu um salto quantitativo e qualitativo. Surgiram novas ferramentas para modificar o espaço, estreitar distâncias e, claro, produzir riqueza.

Curiosidade

Você já pensou nas grandes descobertas científicas que contribuíram para a ocorrência da transição para o capitalismo? Imagine que, naquela época, para haver a expansão do comércio entre regiões distantes, era importante o aprimoramento das navegações. Assim, descobertas como a bússola e o telescópio foram relevantes para a evolução das navegações, que contribuíram para o aumento do comércio de metais preciosos e, posteriormente, para o processo de colonização.

O modo de produção capitalista é caracterizado pela separação entre **trabalhadores livres**, que vendem sua força de trabalho em troca de um salário, e **capitalistas**, que são os donos dos meios de produção e contratam os trabalhadores para produzir mercadorias com fins lucrativos. (Sandroni, 2010). Na mesma linha de raciocínio, Hunt (2005) afirma que o sistema capitalista foi criado a partir do momento em que os costumes e a tradição presentes no feudalismo deram lugar ao mercado e à busca pelo lucro monetário na determinação das ordens econômicas que viriam a interferir na produção.

Ao longo da história, vários pesquisadores e intelectuais buscaram definir o modo de produção capitalista. Para Weber (1982), o capitalismo é caracterizado essencialmente pela burocracia, com predomínio do comportamento racional. As empresas deixaram de ser domésticas, passando a requerer sistemas contábeis e administrativos eficientes. O autor assim elucida:

Curiosidade

Durante os capítulos, boxes trarão dados curiosos acerca de um dos assuntos abordados.

Síntese

Você dispõe, ao final do capítulo, de uma síntese que traz os principais conceitos nele abordados.

Síntese

Neste capítulo, apresentamos os modos de produção pré-capitalistas, especificamente os modos primitivo, asiático e feudal. Analisamos as formas de organização social e econômica dessas sociedades, bem como o papel do Estado em cada uma delas. Iniciamos com o conceito de modo de produção. Após elencar as características de cada modo produtivo, contextualizamos o declínio do sistema econômico feudal.

O modo de produção primitivo foi característico dos primeiros grupos humanos que habitaram a Terra. Inexistia a propriedade privada: havia uma divisão social do trabalho, em que os homens cooperavam uns com os outros. Não existia a figura do Estado, e os conflitos eram, em muitos casos, resolvidos pela mediação dos mais sábios. O excedente gerado era consumido e partilhado por todos.

O modo de produção asiático foi uma das formas de passagem da comunidade primitiva para a sociedade de classes. China, Rússia e Índia são países referenciais desse modo de produção. Essas sociedades fixavam-se perto de rios, pois utilizavam os benefícios destes para sua produção, baseada na agricultura e na manufatura. Eram sociedades essencialmente rurais. O comércio acontecia em pequenos centros dispersos. O governo era centralizado, e o Estado, teocrático, despótico e burocrático.

Além dos modos de produção primitivo e asiático, tratamos do modo de produção feudal. O feudalismo caracteriza-se por ter sido uma organização social e econômica que ocorreu na Idade Média europeia. Os servos trabalhavam nos feudos (grandes propriedades territoriais isoladas). Em troca do trabalho e da produção, recebiam proteção militar por parte da nobreza e ajuda espiritual por parte do clero. Nesse modo, era clara a divisão social e econômica e a relação de vassalagem entre senhores feudais. Os sistemas de governo e político eram descentralizados, havendo uma "parcelarização" da soberania. Já a igreja apresentava-se como uma instituição autônoma, que defendia seus próprios interesses, inclusive, com força armada.

Para saber mais

BOBBIO, N.; MATTEUCCI, N.; PASQUINO, G. **Dicionário de política**. Tradução de Carmen C. Varriale, Caetano Lo Mônaco, João Ferreira, Luís Guerreiro Pinto Cacais e Renzo Dini. 11. ed. Brasília: Ed. da UnB, 1998. v. 1.

SILVA, K. V.; SILVA, M. H. **Dicionário de conceitos históricos**. 2. ed. São Paulo: Contexto, 2009.

Para saber um pouco mais sobre algumas definições e terminologias empregadas neste capítulo e nos subsequentes, indicamos a utilização de dois dicionários. O Dicionário de Política, de Bobbio, é uma obra de referência fundamental para todo pesquisador ou interessado em entender os diversos conceitos que permeiam as relações sociopolíticas. O Dicionário de conceitos históricos tem o intuito de mapear alguns aspectos históricos relevantes que permeiam o dia a dia, a exemplo dos termos: burguesia, liberalismo, imperialismo, nação etc.

BLOCH, M. **A sociedade feudal**. São Paulo: Edições 70, 2009.
Publicação que retrata a essência do modo de produção feudal, as condições de vida, os feudos, as classes e o governo. O livro aborda o período que vai de meados do século IX até o início do século XIII na Europa Ocidental e Central.

ROBIN Hood. Direção: Ridley Scott. Estados Unidos: Universal Pictures, 2010. 140 minutos.
Um filme para quem tem interesse em conhecer mais a fundo como funcionava o modo de produção feudal. A princípio, você pode se perguntar: Qual a relação entre uma obra de aventura e o tema abordado neste capítulo? Apesar das "liberdades criativas" dos filmes de Hollywood, Robin Hood é uma história que se passa no século XII, na Inglaterra, momento em que o feudalismo estava consolidado e estabilizado. Durante toda a trama, é possível ver a relação feudal entre os senhores e os servos, a exemplo de quando o protagonista do filme chega a uma cidade em que há um senhor local que cobra altos impostos dos moradores, repassando ao rei.

Para saber mais

Você pode consultar as obras indicadas nesta seção para aprofundar sua aprendizagem.

Questões para revisão

Com estas atividades, você tem a possibilidade de rever os principais conceitos analisados. Ao final do livro, as autoras disponibilizam as respostas às questões, a fim de que você possa verificar como está sua aprendizagem.

Questões para revisão

1. Sobre o capitalismo no Brasil e suas características, comente a seguinte afirmação: "O desenvolvimento capitalista brasileiro apresenta uma assincronia com o capitalismo mundial".

2. Aponte a importância de estudar o desenvolvimento capitalista para o serviço social.

3. Analise as afirmativas a seguir e marque V para as verdadeiras e F para as falsas.
   ( ) O capitalismo trouxe impactos profundos para sociedade, não apenas quanto ao modo de produção ou a questões econômicas, mas também para as relações sociais entre os indivíduos.
   ( ) O capitalismo tem um poder ideológico que visa à produção, à manutenção e à reprodução desse sistema.
   ( ) O capitalismo teve seu desenvolvimento e sua difusão pelo mundo desde o século XV de forma homogênea.
   ( ) Uma característica marcante do desenvolvimento do capitalismo no Brasil é sua assincronia histórica com os demais países, uma vez que teve uma expansão tardia.
   Agora, assinale a alternativa que apresenta a sequência correta:
   a) V, V, F, V.
   b) F, V, V, F.
   c) F, V, V, V.
   d) V, V, V, F.

4. Analise as afirmativas a seguir e marque V para as verdadeiras e F para as falsas.
   ( ) O capitalismo começou a tomar forma e a se fortalecer no mundo a partir do século XVII, com a ascensão da burguesia europeia impulsionada pela Revolução Burguesa inglesa.
   ( ) O descobrimento do Brasil está vinculado à expansão capitalista europeia, pois, nesse período, as colônias tinham um

Questão para reflexão

1. Leia o texto que segue e elabore uma análise crítica, relacionando o período da ditadura militar no Brasil (marcado pelo crescimento econômico) com os avanços ou retrocessos dos direitos sociais. Fundamente sua reflexão analisando crescimento *versus* desenvolvimento econômico e embase com alguns dados que demonstrem a atuação do Estado e corroborem seu posicionamento.

Milagre para uns, crescimento da economia foi retrocesso para maioria

O forte crescimento da economia do país no período conhecido como milagre econômico, ocorrido no final dos anos 1960 e início dos 1970, durante a ditadura militar, ganhou destaque graças aos índices de crescimento obtidos pelo Produto Interno Bruto (PIB). No entanto, a riqueza gerada não foi distribuída igualmente entre os setores da economia. Para aqueles que viviam de salário mínimo, por exemplo, o período representou um retrocesso. "Nos anos 60 e 70, houve uma retomada do investimento público em infraestrutura, apoio ao processo de industrialização, combinado muitas vezes com restrições ao crescimento do salário, especialmente do salário mínimo. Portanto, um contingenciamento do crescimento de base na economia, favorecendo uma formação de preços sem pressão de custo de salário", destaca o diretor do Departamento Intersindical de Estatística e Estudos Socioeconômicos (Dieese), Clemente Ganz.

Fonte: Bocchini, 2014.

Questão para reflexão

Nesta seção, a proposta é levá-lo a refletir criticamente sobre alguns assuntos e trocar ideias e experiências com seus pares.

Estudo de caso

Esta seção traz ao seu conhecimento situações que vão aproximar os conteúdos estudados de sua prática profissional.

Estudo de caso

Para refletir sobre uma questão prática, adotaremos como exemplo a política de saúde da Constituição Federal de 1988. O art. 196 pressupõe a universalidade, observe:

> Art. 196. A saúde é direito de todos e dever do Estado, garantido mediante políticas sociais e econômicas que visem à redução do risco de doença e de outros agravos e ao acesso universal e igualitário às ações e serviços para sua promoção, proteção e recuperação. (Brasil, 1988)

Com o aprofundamento do capitalismo, a política da saúde tem se tornado um desafio na atuação do assistente social.

> Pensar e realizar uma atuação competente e crítica do Serviço Social na área da saúde consiste em:
> - estar articulado e sintonizado ao movimento dos trabalhadores e de usuários que lutam pela real efetivação do SUS;

CAPÍTULO 1

Modos de produção pré-capitalistas: uma evolução do primitivo ao feudal

Conteúdos do capítulo:

- Modo de produção primitivo.
- Modo de produção asiático.
- Modo de produção feudal.
- Declínio do modo de produção feudal.

Após o estudo deste capítulo, você será capaz de:

1. compreender o funcionamento dos modos de produção pré-capitalistas (primitivo, asiático e feudal);
2. diferenciar e comparar cada um desses modos de produção, verificando a dinâmica da sociedade, a propriedade dos meios de produção e a atuação do Estado;
3. reconhecer o funcionamento da dinâmica capitalista;
4. inter-relacionar o declínio da produção feudal ao surgimento das bases do capitalismo.

Neste capítulo, analisaremos os modos de produção pré-capitalistas. Você já se perguntou qual foi a importância desse momento para o advento do sistema capitalista? Pois bem, para avançar nesse tema, é de grande relevância conhecer as bases societárias dos modos de produção e a atuação do Estado em sua manutenção.

Antes de mais nada, precisamos refletir sobre a definição de *modos de produção*. Trata-se de um conceito da economia marxista que se refere à vida econômica de uma sociedade, isto é, em como a sociedade organiza a produção, a circulação e o consumo de bens e serviços. De acordo com Sandroni (2010, p. 566), o modo de produção se confunde com "a estrutura econômica da sociedade, englobando a produção, distribuição, circulação e consumo".

Os modos de produção são compostos pelas forças produtivas, que regulam como o homem explora a natureza, e pelas relações sociais de produção, que, segundo a teoria marxista, envolvem as relações de trabalho e a distribuição no processo de produção e reprodução. Althusser (citado por Sandroni, 2010, p. 566), diz ser possível considerar o modo de produção como uma "totalidade que articula a estrutura econômica, a estrutura político-jurídica (leis, Estado) e uma estrutura ideológica (ideias, costumes)". Assim, ao longo da história da humanidade, vários modos de produção se alternaram, ascendendo e declinando até a consolidação do modo de produção capitalista.

Essa longa jornada tem uma pré-história no modo de produção primitivo, que relembraremos a partir de agora.

1.1 Modo de produção primitivo

O modo de produção primitivo deve sua denominação às sociedades que o construíram, sendo característico dos primeiros grupos humanos que organizaram a habitação sobre a Terra. Isso abrange um período muito longo – o desenvolvimento foi lento, nem sempre harmonioso e contínuo. Nesse modo de produção, os meios e os frutos do trabalho eram propriedade coletiva, e as relações sociais baseavam-se na cooperação, ou seja, os seres humanos trabalhavam em conjunto.

O modo primitivo não demandava a existência de um Estado, pois ainda **não existia a ideia de propriedade privada** dos meios, tampouco a dominação de alguns homens sobre outros. Nessas sociedades, a unidade espacial era a unidade social. Uma tribo era a união de esforços produtivos em uma mesma área: a terra, portanto, era coletiva. Desse modo, de acordo com Ribeiro (2007), é possível afirmar que inexistia separação territorial do tipo pública ou privada.

Marx (1986, p. 89-90), em uma passagem de seu livro *Formações econômicas pré-capitalistas*, salienta as relações de cooperação e a não existência do Estado:

> Temos uma unidade original, entre uma forma específica de comunidade, ou unidade tribal, e a propriedade natural relacionada com ela, ou, o que dá o mesmo, a relação com as condições objetivas de produção, tal como existentes na natureza, como o ser objetivo do indivíduo mediado pela comunidade. Ora, esta unidade que, em certo sentido, mostra-se como a forma particular de propriedade, tem sua realidade viva num modo de produção específico e este modo mostra-se, igualmente, como o relacionamento de indivíduos uns com os outros e como seu comportamento cotidiano, específico, frente à natureza inorgânica, seu modo específico de trabalho (que sempre é trabalho familiar e muitas vezes comunal). A própria comunidade apresenta-se como a primeira grande força produtiva; tipos especiais de condições de produção (ex.: criação, agricultura), conduzem à evolução de um modo especial de produção, bem como forças produtivas especiais tanto objetivas como subjetivas, as últimas emergindo como qualidades do indivíduo. Neste caso, a comunidade e a

propriedade que nela se baseia podem ser reduzidas a um estágio específico de desenvolvimento das forças produtivas dos indivíduos trabalhadores, a que correspondem relações específicas destes indivíduos entre si e com a natureza. Até certo ponto, reprodução. Depois disto, transforma-se em dissolução.

Mas como as divergências e os conflitos gerados nessas sociedades eram solucionados, já que não existia a figura do Estado? Isso significa que não havia conflitos e tensões? Você já parou para refletir sobre essa questão? Ribeiro (2007, p. 26) busca responder a esses questionamentos com a seguinte afirmação: "não importa o nível das tensões endógenas, conflitos sexuais ou discordâncias momentâneas havidas, se oportuno fosse tudo se solucionava internamente com mediação dos mais sábios". Assim, o uso da coerção praticamente não era necessário.

Figueiredo (2005) aponta que traços do modo de produção primitivo continuam a ser percebidos muito após o sistema ter sido superado, em sociedades indígenas ou remanescentes de quilombos, por exemplo. Essas comunidades replicam a inexistência de classes sociais e, consequentemente, de diferenciações internas, direito formal e prestígio garantido. Os benefícios eram resultados do reconhecimento do esforço e da dedicação em prol dos interesses da comunidade. Desse modo, algumas pessoas poderiam, sim, deter mais direitos, porém estes eram as recompensas dos serviços prestados à comunidade (Ribeiro, 2007).

Importante!

O que deve ser ressaltado é que, nas sociedades primitivas, não existiam classes sociais, mas uma divisão social do trabalho, em que todos os envolvidos desenvolviam "atividades consideradas adequadas ao bem viver grupal, nas várias esferas do social" (Ribeiro, 2007, p. 30).

O modo de produção primitivo foi caracterizado pela inexistência de propriedade privada, uma vez que tanto os meios de produção quanto os frutos do trabalho pertenciam à tribo. Além disso, as relações de trabalho se baseavam na **cooperação**, sem organização ou mediação. Inexistia, portanto, o Estado. Os conflitos entre os membros eram resolvidos pela interferência dos mais sábios. O uso da coerção por uma figura de autoridade era um recurso desconhecido.

É preciso salientar também que, no modo de produção primitivo, **não se almejava produzir excedentes**. Quando há alguma "sobra", ela era imediatamente disposta para o usufruto coletivo. Ribeiro (2007) afirma que a existência de excedentes não causava mudanças na estrutura econômica da comunidade. Como os bens eram considerados esporádicos, não se constituíam como um valor ou objetivo da comunidade de trabalho.

> O sobreproduto é eventual. Inexistia noção de trabalho abstrato, de excedente abstrato. O trabalho, quando excedia a necessidade, incorria de modo a ela urdido, repartindo-se o excedente com os vizinhos e parentes nos consumos realizados nas cerimônias, festas, convites, visitas estrangeiras, entre outras ocasiões comemorativas, e também porque se a experiência demonstrou-lhes certa vantagem com a produção a mais o fora como o minimamente suficiente para cobrir os flagelos naturais, as intempéries climáticas ou as pragas que danificavam a colheita agrícola e os meios necessários à reprodução comunal; com a produção a mais sendo convolada, a posteriori, ao uso. (Ribeiro, 2007, p. 30)

Eis o segredo das tribos primitivas para **viver sem desigualdade social e exploração**: não ter classes sociais e, consequentemente, exploradores.

1.2 Modo de produção asiático

A linha imaginária (e artificial) que separa Ocidente e Oriente talvez seja o mais perceptível demarcador de culturas. Você sabe quais são as principais características do modo de produção asiático? Existe lá a figura do Estado? Como se estabelecem as relações entre os diferentes membros daquela sociedade?

Sandroni (2010) afirma que o modo de produção asiático é a organização econômica e social analisada por Marx. Tal modo de produção representou uma das formas de passagem da comunidade primitiva para a sociedade de classes, tendo aqui como ponto de referência o **surgimento do Estado**. As sociedades evoluíram para formas de organizações sociais "estabelecidas e comandadas a partir de uma entidade comunal abstrata centralizadora do nexo social e que estaria acima das comunidades locais efetivas" (Antunes, 2009, p. 4).

É possível que você se questione: Marx fez essa afirmação com base em quais sociedades? Chinesa, russa e indiana, responderemos. É importante, porém, ressaltar que Marx nomeou esse modo como *asiático* não apenas por estar relacionado às formações econômico-sociais do Oriente.

> Marx a denomina assim, apesar de ser uma forma bastante geral de formação sociocultural pós-comunidade primitiva, por um lado, porque, com as conquistas imperialistas no Oriente, promovidas pela burguesia ocidental no século XIX, em especial na Índia e na China, afloravam, via relatórios oficiais e não-oficiais, as estruturas socioculturais daquelas grandes civilizações. O que estes relatórios mostravam era que aquelas estruturas haviam se assentado ali há milênios, ou seja, mostravam o caráter imutável daquelas formações econômico-sociais. [...] Era esta imutabilidade sociocultural que caracterizava, conceitualmente, segundo Marx, a categoria de modo de produção asiático. (Antunes, 2009, p. 5)

As sociedades com modo de produção asiático ficaram conhecidas como *sociedades hidráulicas*, pois se baseavam nos benefícios que os rios oferecem. Os agrupamentos humanos fixavam-se perto de rios, como Tigre, Eufrates e Jordão, e tinham como base a **agricultura**, desenvolvida a partir do descobrimento de técnicas de irrigação. A terra era o principal meio de produção, e a água, o incremento de eficiência.

Complementar à agricultura, houve o desenvolvimento de uma incipiente **manufatura familiar**, assim como de um **comércio disperso** em pequenos centros. Sociedades essencialmente rurais tinham nas cidades apenas um ponto para as trocas sociais.

Augusto, Miranda e Corrêa (2015) afirmam que esse modo de produção demandava a **centralização** em um Estado. É importante salientar que "a originalidade histórica do modo de produção asiático como forma de transição consiste no fato de comportar determinado tipo de Estado e um sistema de exploração do trabalho sem que exista a propriedade privada da terra" (Sandroni, 2010, p. 566). A propriedade da terra seguia comunitária, mas sob o domínio de um governo centralizado. O excedente gerado era apropriado pelo rei e sacerdotes do templo.

> A unidade da propriedade comunitária seria centralizada no rei e nos deuses, com as comunidades aldeães tendo apenas a posse da terra. Consequentemente, não haveria propriedade privada nesse sistema. A ausência de propriedade privada e a unidade da comunidade no governo central seriam, portanto, as chaves para entender a forma asiática de propriedade. (Augusto; Miranda; Corrêa, 2015, p. 4)

O Estado apresentava três características importantes, sendo: teocrático, despótico e burocrático. Você sabe distinguir cada uma dessas características? Sabe como elas impactam diretamente no modo de produção de uma sociedade? Pois bem. Quando nos referimos a um Estado **teocrático**, significa que o sistema de governo desse Estado submete-se às normas de determinada religião.

Importante!

Podemos afirmar que religião e poder político caminham conjuntamente em Estados designados como teocráticos, de modo que o governante é considerado uma divindade e o poder não é dividido.

A respeito do Estado **despótico**, podemos afirmar que sua característica principal é o autoritarismo: quem detém o poder detém também a razão. É um sistema de governo organizado a partir de regras e procedimentos já estabelecidos. Formava-se, então, um Estado **burocrático**, caracterizado por impessoalidade, diferenças de níveis sociais e econômico e, consequentemente, hierarquia, ou seja, o Estado apresentava uma organização vertical.

Essas sociedades podem ser entendidas como **estamentais**, ou seja, sem mobilidade social. De acordo com Augusto, Miranda e Corrêa (2015), a imobilidade na substrutura social somava-se a uma profunda divisão social. Uma pessoa, ao nascer, assumia determinada posição social e a carregava por toda sua vida, sem possibilidade de mudança.

Ainda essas sociedades costumavam ser **politeístas**, ou seja, acreditavam em diversos deuses. Além da significação com o sagrado, a religião influenciava diretamente o sistema de governo e o poder político:

Para resumir, Sandroni (2010, p. 566) afirma que o modo de produção asiático apresenta cinco características:

> 1) ausência de propriedade privada do solo; 2) consequentemente, conservação, nas comunidades, de uma força de coesão que resistiu através das épocas às conquistas mais sangrentas; 3) coesão interna baseada na íntima união entre agricultura e indústria (artesanato); 4) por motivos climáticos, construção de grandes obras hidráulicas, sobretudo, canais de irrigação, para atender às necessidades da agricultura; 5) necessidade de um poder central regulador e empreendedor, de um Estado que concentre em suas mãos a maior parte do sobreproduto, o que possibilita o nascimento de uma camada social privilegiada, mantida por esse excedente e que é a força dominante da sociedade.

Podemos concluir que as características enumeradas por Sandroni (2010) sintetizam o modo de produção asiático.

1.3 Modo de produção feudal

O feudalismo foi uma organização social e econômica que ocorreu na Idade Média europeia. *Feudo* advém do latim *feudum*, que significa "posse", "domínio". O modo de produção feudal foi caracterizado pelo sistema de grandes propriedades territoriais isoladas, os feudos, que **pertenciam à nobreza e ao clero**

(Sandroni, 2010). Essas grandes propriedades territoriais eram trabalhadas pelos servos da gleba, em uma economia de subsistência. Em troca do trabalho e da produção, os servos recebiam proteção militar da nobreza e ajuda espiritual do clero.

Chegando a este ponto, você seria capaz de apontar qual era a instituição econômica básica da vida rural medieval? Se sim, ótimo. Se não, vamos aprofundar mais um pouco a história! Lembremos que a instituição econômica básica da vida rural medieval era o feudo, em que viviam nobres, também conhecidos como *senhores* ou *suseranos*, e os camponeses, também denominados *servos* (Hunt, 2005).

De acordo com Anderson (1982, p. 163), o feudalismo foi um modo de produção "dominado pela terra e por uma economia natural, no qual nem o trabalho nem os produtos do trabalho eram mercadorias". O camponês, conhecido como *servo da gleba*, era o produtor imediato e estava conectado aos meios de produção (solo) por uma relação social específica.

Preste atenção!

Apesar de a palavra *servo* ter origem do latim *servens*, que significa "escravo", os servos não eram, de fato, escravos.

> Ao contrário do escravo, que era uma simples propriedade a ser comprada ou vendida à vontade, o servo não podia ser separado de sua família nem de sua terra. Se seu senhor transferisse a posse do feudo a outro nobre, o servo simplesmente teria outro senhor. Em graus variáveis, no entanto, os servos tinham obrigações que, às vezes, se tornavam pesadas, e das quais, frequentemente, não havia como escapar. Normalmente, o servo estava longe de ser livre. (Hunt, 2005, p. 7)

Além disso, é importante ressaltar que, apesar de os camponeses (servos) cultivarem a terra, esta pertencia ao senhor feudal, que extraía dos camponeses um excedente. Tal coerção, segundo Anderson (1982, p. 163-164), "assumia a forma de prestação de trabalho (corveias), rendas em espécie ou tributos [...] O camponês estava sujeito à jurisdição do seu suserano".

> **Importante!**
>
> O feudalismo foi conhecido pela clara divisão hierárquica, tanto social quanto econômica. Apesar de o senhor feudal deter direitos de propriedade de determinada localidade, ele, muitas vezes, era vassalo[1] de um senhor feudal superior.

E como o Estado apresentava-se no sistema feudal? Os sistemas de governo e a política eram concentrados, como no modo de produção asiático? De forma alguma! No feudalismo, o sistema de governo e a política eram **descentralizados**, havendo uma "parcelarização", de acordo com Anderson (1982), da soberania. O autor afirma, ainda, que dessa *parcelarização* resultaram três características estruturais do feudalismo.

A primeira foi a existência de **terras camponesas**, tal como nos modos de produção pré-feudais. Isso não era incompatível com o feudalismo. A ausência de um centro de decisão universal permitia a existência, em menores proporções, de entidades organizadas não feudais. A segunda característica foi a **parcelarização da soberania,** que corroborou para o surgimento da cidade medieval na Europa ocidental, já que o feudalismo foi o primeiro modo de produção a permitir um desenvolvimento autônomo em uma economia agrária natural. Por fim, havia uma ambiguidade na parte superior da hierarquia de dependências feudais. O **monarca era um suserano feudal de seus vassalos**, "aos quais estava ligado por laços recíprocos de fidelidade, não um soberano supremo colocado acima dos seus súditos" (Anderson, 1982, p. 168).

A respeito das funcionalidades das cidades, é relevante citar que as **guildas** eram as instituições econômicas dominantes. Assim, para vender ou produzir qualquer bem ou serviço, era necessário afiliar-se a uma delas.

---

1 Segundo Anderson (1982), *vassalo* era um senhor feudal que realizava um juramento de fidelidade a outro senhor feudal.

> **Preste atenção!**
>
> As guildas eram associações artesanais, profissionais e de ofício. Elas se envolviam também em questões sociais e religiosas, sendo primordiais para a sustentação do *status quo* nas cidades medievais (Hunt, 2005, p. 8).

Hunt (2005, p. 8) afirma que, "embora regulassem cuidadosamente a produção e a venda de mercadorias, as guildas se mostravam mais voltadas para a salvação espiritual de seus membros do que para a obtenção de lucros". E qual era o papel da Igreja nas sociedades feudais?

> A Igreja, que no fim da Antiguidade estivera sempre integrada na máquina do Estado imperial e a ele subordinada, tornou-se então uma instituição eminentemente autónoma dentro da organização feudal. Fonte única da autoridade religiosa, era imenso o seu domínio sobre as crenças e valores das massas; mas a organização eclesiástica era diversa da nobreza secular ou da monarquia. Dada a difusão do poder coercitivo implícito no feudalismo ocidental embrionário, a Igreja podia defender os seus próprios interesses particulares, se necessário a partir de um reduto territorial e pela força armada. (Anderson, 1982, p. 169)

É importante ressaltar que a Igreja Católica, durante a Idade Média, era a maior proprietária de terras. Somando-se às características anteriores, a instituição tornou-se o que de mais próximo havia de um governo forte e centralizador (Hunt, 2005).

> **Curiosidade**
>
> Você sabia que o feudalismo também existiu no Japão até a metade do século XIX e em vários países do norte da África e do mundo árabe até o século XX? Além disso, na Espanha e em Portugal, não houve feudos, mas as relações sociais e de produção feudais permaneceram até meados do século XIX (Sandroni, 2010).

1.3.1 Declínio do modo de produção feudal

A sociedade medieval era predominantemente agrária, formando hierarquias sociais baseadas nos laços do indivíduo com a terra. Foi um arranjo que se manteve por séculos, até que os aumentos da produtividade do final do medievo colaboraram para o declínio do feudalismo e a consequente ascensão do capitalismo (Hunt, 2005). As mudanças, no entanto, foram graduais. Houve a substituição do sistema de plantio de dois campos para o sistema de três campos, com a finalidade de aumentar a produtividade da terra.

> O sistema de três campos induziu a outras mudanças importantes. Plantações de aveia e forragem, na primavera, permitiram a criação de mais cavalos, que começaram a substituir o boi como a principal fonte de energia, na agricultura. [...] maiores áreas cultivadas permitiram que o campo alimentasse centros urbanos mais populosos. [...] no século XIII, o custo do transporte de produtos agrícolas foi substancialmente reduzido, quando a carroça de duas rodas foi substituída pela de quatro rodas, com eixo dianteiro móvel. Esses melhoramentos na agricultura e no transporte contribuíram para duas mudanças importante e de longo alcance. Primeiro, tornaram possível um rápido aumento do crescimento da população. [...] segundo, houve um rápido aumento de concentração urbana, estreitamente ligado à expansão da população. (Hunt, 2005, p. 8-9)

O crescimento das vilas e das cidades levou ao crescimento da especialização rural-urbana. Nesse momento, foi possível notar o êxodo rural. Com tal movimento, houve a disseminação do comércio entre regiões tanto próximas quanto distantes. A partir do século XI, as Cruzadas também foram relevantes para a expansão do comércio.

Você acredita que a expansão do comércio e das cidades era compatível com o feudalismo, um sistema de base agrária? Bem, nesse caso, é possível afirmar que havia uma incompatibilidade. As cidades, em sua maioria, ganharam independência dos senhores feudais e do clero. "Sistemas complexos de câmbio, compensação e facilidades creditícias se desenvolveram nesses centros comerciais, e instrumentos modernos, como letras de câmbio, tornaram-se de uso corrente" (Hunt, 2005, p. 10-11). Nasciam, nas novas cidades, as indústrias. Com elas, alterou-se toda a dinâmica da produção.

O primeiro movimento de expansão demográfica das metrópoles modernas nutriu-se da população que migrava do campo. Porém, as cidades ainda necessitavam da agricultura para obter alimentos e matérias-primas, o que aqueceu o fluxo comercial urbano-rural. Surgiram ofícios especializados em ambos os territórios. Além disso, de acordo com Hunt (2005), os camponeses do feudo sentiram-se cada vez mais estimulados a produzir excedente para trocar por dinheiro. A receita adicional era usada para pagar taxas devidas ao senhor feudal, liberando o servo do trabalho forçado.

Outra questão importante a contribuir para a ascensão de um novo modo de produção foi a "alienação do domínio dos senhores feudais" (Hunt, 2005, p. 13). Para adquirir bens de luxo produzidos pela indústria, eles arrendavam suas terras para os camponeses.

As aglomerações urbanas e suas indústrias, as especializações campo-cidade e a alienação do domínio dos senhores feudais contribuíram para que o modo de produção feudal decaísse. A pá de cal foi a Guerra dos Cem Anos e a peste negra, primordiais para o completo esfacelamento do feudalismo. A guerra e a epidemia despovoaram a Europa. Consequentemente, a falta de mão de obra provocou um aumento nos salários de todos os trabalhadores.

A nobreza dos feudos reagiu à perda de riqueza tentando enrijecer as obrigações dos servos, o que incitou revoltas camponesas. Entre o final do século XIV e o início do século XVI, os conflitos de classe europeus causaram milhares de mortes. Hunt (2005, p. 14) cita a rebelião camponesa de 1524-1525, "esmagada pelas tropas imperiais do Sacro Imperador Romano, que dizimou milhares de camponeses. Provavelmente só na Alemanha foram mortas mais de 100 mil pessoas".

Síntese

Neste capítulo, apresentamos os modos de produção pré-capitalistas, especificamente os modos primitivo, asiático e feudal. Analisamos as formas de organização social e econômica dessas sociedades, bem como o papel do Estado em cada uma delas. Iniciamos com o conceito de modo de produção. Após elencar as características de cada modo produtivo, contextualizamos o declínio do sistema econômico feudal.

O modo de produção primitivo foi característico dos primeiros grupos humanos que habitaram a Terra. Inexistia a propriedade privada: havia uma divisão social do trabalho, em que os homens cooperavam uns com os outros. Não existia a figura do Estado, e os conflitos eram, em muitos casos, resolvidos pela mediação dos mais sábios. O excedente gerado era consumido e partilhado por todos.

O modo de produção asiático foi uma das formas de passagem da comunidade primitiva para a sociedade de classes. China, Rússia e Índia são países referenciais desse modo de produção. Essas sociedades fixavam-se perto de rios, pois utilizavam os benefícios destes para sua produção, baseada na agricultura e na manufatura. Eram sociedades essencialmente rurais. O comércio acontecia em pequenos centros dispersos. O governo era centralizado, e o Estado, teocrático, despótico e burocrático.

Além dos modos de produção primitivo e asiático, tratamos do modo de produção feudal. O feudalismo caracteriza-se por ter sido uma organização social e econômica que ocorreu na Idade Média europeia. Os servos trabalhavam nos feudos (grandes propriedades territoriais isoladas). Em troca do trabalho e da produção, recebiam proteção militar por parte da nobreza e ajuda espiritual por parte do clero. Nesse modo, era clara a divisão social e econômica e a relação de vassalagem entre senhores feudais. Os sistemas de governo e político eram descentralizados, havendo uma "parcelarização" da soberania. Já a igreja apresentava-se como uma instituição autônoma, que defendia seus próprios interesses, inclusive, com força armada.

Para saber mais

BOBBIO, N.; MATTEUCCI, N.; PASQUINO, G. **Dicionário de política**. Tradução de Carmen C. Varriale, Caetano Lo Mônaco, João Ferreira, Luís Guerreiro Pinto Cacais e Renzo Dini. 11. ed. Brasília: Ed. da UnB, 1998. v. 1.

SILVA, K. V.; SILVA, M. H. **Dicionário de conceitos históricos**. 2. ed. São Paulo: Contexto, 2009.

Para saber um pouco mais sobre algumas definições e terminologias empregadas neste capítulo e nos subsequentes, indicamos a utilização de dois dicionários. O Dicionário de Política, de Bobbio, *é uma obra de referência fundamental para todo pesquisador ou interessado em entender os diversos conceitos que permeiam as relações sociopolíticas.* O Dicionário de conceitos históricos *tem o intuito de mapear alguns aspectos históricos relevantes que permeiam o dia a dia, a exemplo dos termos:* burguesia, liberalismo, imperialismo, nação *etc.*

BLOCK, M. **A sociedade feudal**. São Paulo: Edições 70, 2009.

Publicação que retrata a essência do modo de produção feudal, as condições de vida, os feudos, as classes e o governo. O livro aborda o período que vai de meados do século IX até o início do século XIII na Europa Ocidental e Central.

ROBIN Hood. Direção: Ridley Scott. Estados Unidos: Universal Pictures, 2010. 140 minutos.

Um filme para quem tem interesse em conhecer mais a fundo como funcionava o modo de produção feudal. A princípio, você pode se perguntar: Qual a relação entre uma obra de aventura e o tema abordado neste capítulo? Apesar das "liberdades criativas" dos filmes de Hollywood, Robin Hood *é uma história que se passa no século XII, na Inglaterra, momento em que o feudalismo estava consolidado e estabilizado. Durante toda a trama, é possível ver a relação feudal entre os senhores e os servos, a exemplo de quando o protagonista do filme chega a uma cidade em que há um senhor local que cobra altos impostos dos moradores, repassando ao rei.*

WALDMAN, M. **Espaço e modo de produção asiático:** a organização do espaço geográfico nas primeiras sociedades estatais. E-book. São Paulo: Kotev, 2016.

Livro recente, escrito em 2016, que aborda a organização do espaço geográfico nas primeiras sociedades estatais, apontando antagonismos e contradições em sociedades caracterizadas por esse modo de produção.

Questões para revisão

1. Com base no modo de produção feudal, comente a seguinte afirmação: "Um servo não era considerado um escravo".

2. Pontue as principais diferenças entre a atuação do Estado no modo de produção asiático e seu papel no modo feudal.

3. Analise as afirmativas a seguir e marque V para as verdadeiras e F para as falsas.

    ( ) Modo de produção refere-se à vida econômica de uma sociedade, ou seja, como a sociedade organiza a produção, a circulação e o consumo de bens e serviços.

    ( ) No modo de produção primitivo existia a propriedade privada e as relações sociais baseavam-se em hierarquias entre os indivíduos: os mais fortes encontravam-se no topo da pirâmide social.

    ( ) No modo de produção asiático, as sociedades fixavam-se perto de rios, como o Tigre e o Jordão, para abastecerem as indústrias locais.

    ( ) No modo de produção feudal, as grandes propriedades territoriais, também denominadas *feudos*, eram trabalhadas pelos servos em troca de proteção militar e espiritual.

    Agora, assinale a alternativa que apresenta a sequência correta:
    a) V, V, F, F.
    b) V, F, F, V.
    c) F, F, F, V.
    d) F, V, F, V.

4. Analise as afirmativas a seguir e marque V para as verdadeiras e F para as falsas.

( ) Nas sociedades de modo de produção asiático, havia possibilidade de mobilidade social, apesar de difícil, o que significa que uma pessoa poderia mudar de posição social ao longo de sua vida.

( ) No modo de produção primitivo, tanto os meios de produção quanto os frutos do trabalho eram propriedade coletiva e as relações sociais baseavam-se na cooperação.

( ) No modo de produção asiático, o Estado era descentralizado, pois cada região tinha um sistema de governo com soberania.

( ) O feudalismo foi marcado pela divisão social e pela hierarquia, tanto social quanto econômica. Os senhores feudais, além de serem os donos das terras, extraíam excedente dos camponeses mediante coerção.

Agora, assinale a alternativa que apresenta a sequência correta:
a) V, V, F, F.
b) V, V, F, V.
c) F, F, F, V.
d) F, V, F, V.

5. Analise as afirmativas a seguir e marque V para as verdadeiras e F para as falsas.

( ) No modo de produção primitivo, não existiam excedentes de produção, isto é, produzia-se o necessário para a subsistência de todos.

( ) O Estado, no modo de produção asiático, era considerado teocrático, despótico e burocrata.

( ) As guildas nada mais eram do que associações artesanais, profissionais e de ofício, com grande relevância econômica. Para vender ou comprar na época do feudalismo, era necessário afiliar-se a uma guilda.

( ) No feudalismo, a igreja desempenhava papel secundário, diferentemente das sociedades baseadas no modo de produção primitivo.

Agora, assinale a alternativa que apresenta a sequência correta:
a) F, V, F, F.
b) V, F, F, V.
c) F, V, V, F.
d) F, V, F, V.

Questão para reflexão

1. Na França, os levantes camponeses ficaram conhecidos como *jacqueries*, em razão de os camponeses serem "chamados pejorativamente naquele país de *Jacques Bonhomme*, termo similar ao que hoje conhecemos como "joão-ninguém" ou "zé-povinho". Leia, a seguir, trecho de um registro sobre a *jacquerie*, ocorrida em 1358.

História da Idade Média

Nesse tempo revoltaram-se os Jacques em Beauvoisin [...] Entre eles estava um homem muito sabedor e bem falante, de bela figura e forma. Este tinha por nome Guilherme Carlos. Os Jacques fizeram-no seu chefe. Mas ele viu bem que eram gente miúda, pelo que se recusou a governá-los. Mas de fato os Jacques tomaram-no e fizeram dele seu chefe, como um homem que era hospitaleiro, que tinha visto guerras. Também as tinha visto Guilherme Carlos, que lhes dizia que se mantivessem unidos. E quando os Jacques se viram em grande número, perseguiram os homens nobres, mataram vários e ainda fizeram pior [...] Na realidade, mataram muitas mulheres e crianças nobres, pelo que Guilherme Carlos lhes disse muitas vezes que se excediam demasiadamente; mas nem por isso deixaram de o fazer...".

Fonte: Pedrero-Sanchez, 2000, p. 203.

Com base na leitura e considerando o período marcado pelo declínio do feudalismo, comente a seguinte afirmativa: "Mudanças fundamentais na estrutura econômica e política só são conseguidas após conflitos violentos e traumatizantes". Você concorda com essa afirmação? Argumente apontando fatos históricos sobre o respectivo período.

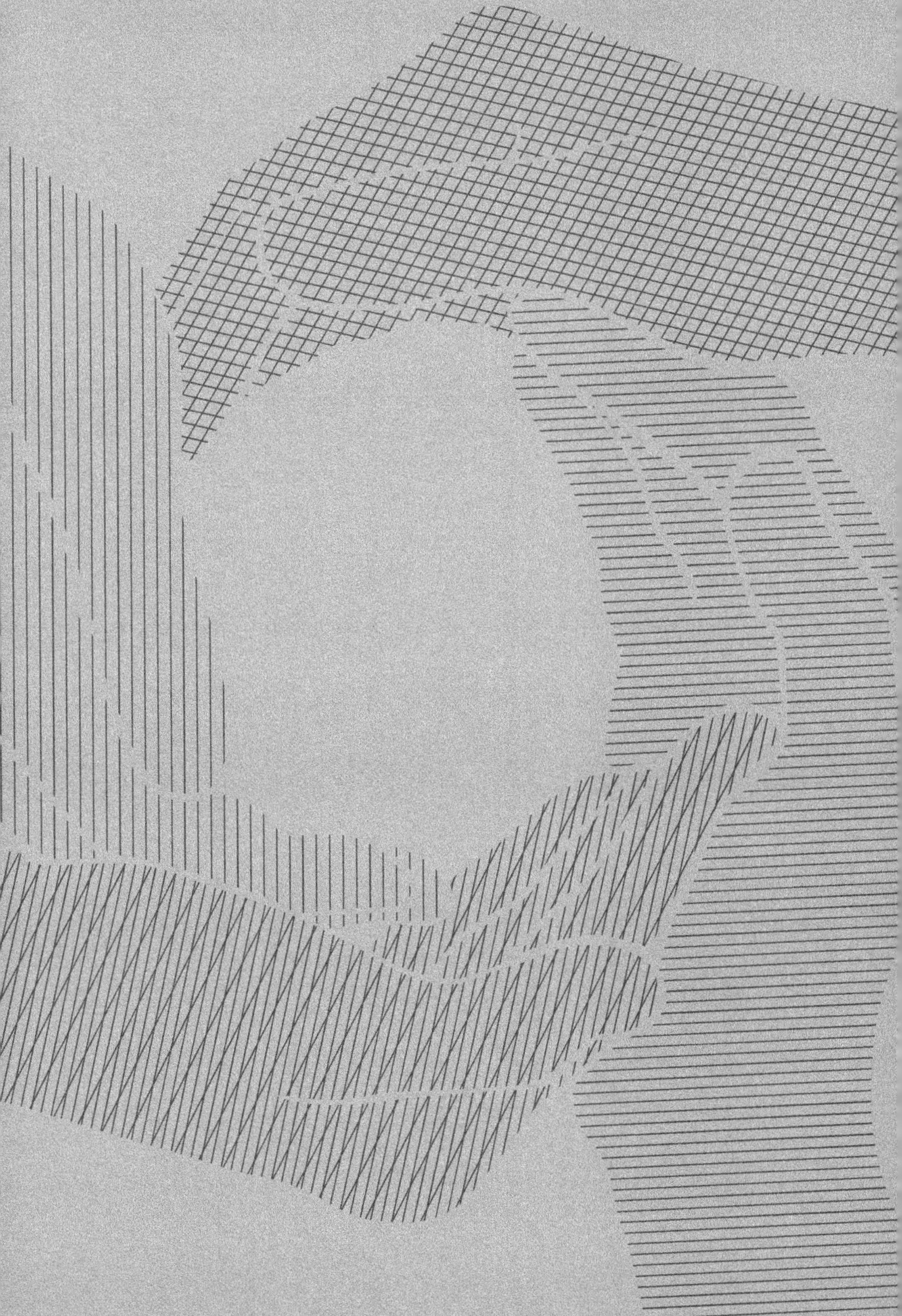

CAPÍTULO 2

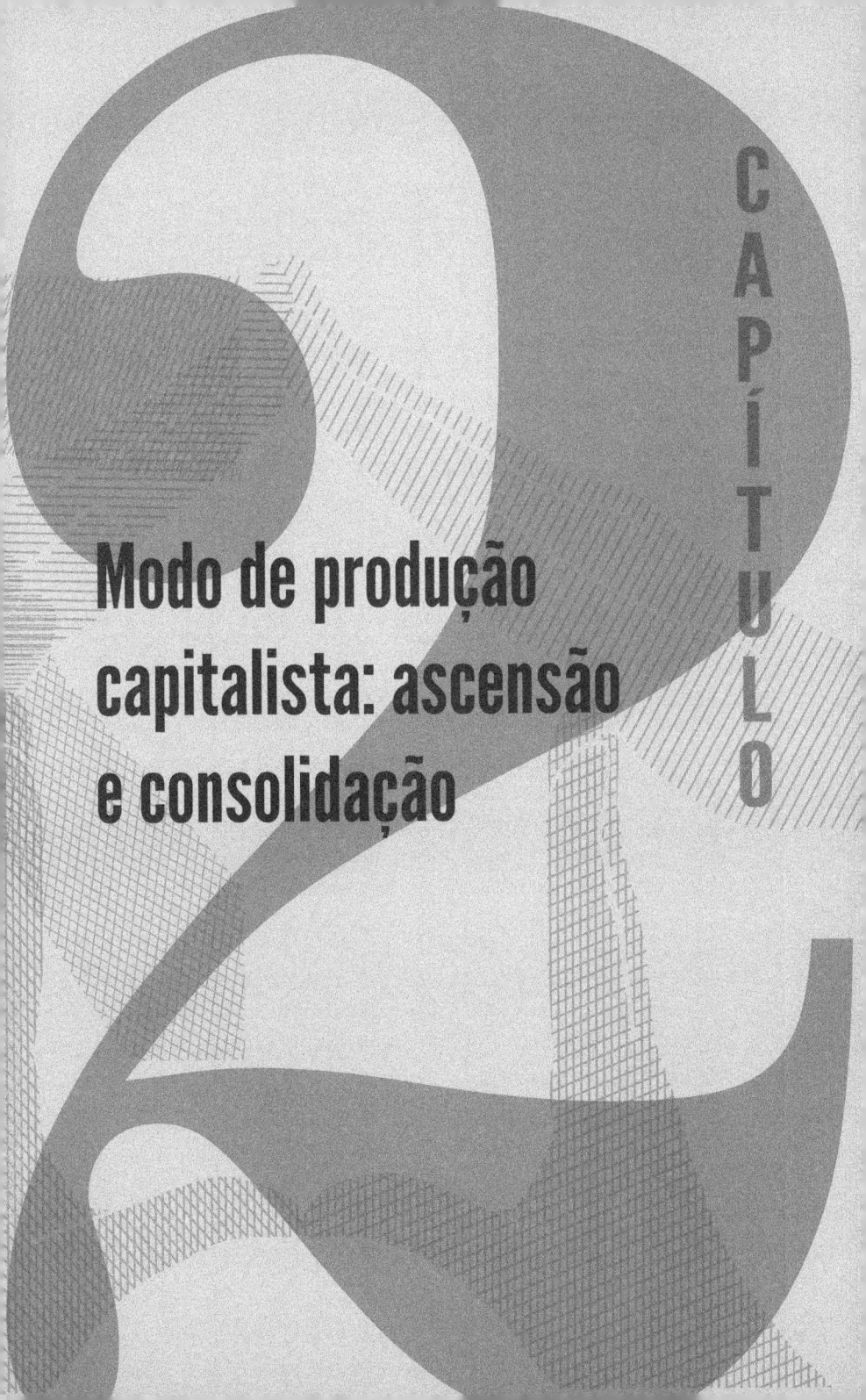

Modo de produção capitalista: ascensão e consolidação

Conteúdos do capítulo:

- Substituição do feudalismo e surgimento de uma nova ordem econômica.
- Primeira fase do sistema econômico capitalista: capitalismo comercial ou mercantilismo.
- Segunda fase do sistema econômico capitalista: capitalismo industrial ou industrialismo.
- Terceira e última fase do sistema econômico capitalista: capitalismo financeiro ou monopolista.

Após o estudo deste capítulo, você será capaz de:

1. contextualizar o processo de substituição do feudalismo e o nascimento de uma nova ordem econômica;
2. relacionar as revoluções industrial, mercantil e financeira às bases para a consolidação do modo de produção capitalista em âmbito mundial;
3. reconhecer a base do mercantilismo, bem como suas principais características e a importância para o nascimento do sistema econômico capitalista;
4. compreender os desdobramentos da revolução industrial e seus principais impactos para o estabelecimento do modo de produção capitalista;
5. analisar o capitalismo financeiro e sua relevância para a consolidação e o fortalecimento do sistema econômico capitalista em âmbito mundial.

Abordaremos, neste capítulo, a ascensão do sistema econômico capitalista, que começou a emergir a partir do século XV. É importante ter em mente que o sistema é fruto de uma progressão contínua, que se estende até nossos dias. Além do tempo, é também essencial considerar o aspecto espacial. Diversos capítulos dessa história tiveram no espaço urbano o cenário ideal para ser encenados.

A migração para a cidade começou no século XV e caracterizou-se por três fases, essencialmente. A primeira fase, uma fase pré-capitalista, ficou conhecida como *capitalismo comercial* ou *mercantilismo*. Teve início no século XV e perdurou até o século XVIII, marcando o renascimento do comércio, o desenvolvimento do artesanato de base corporativista, o surgimento da manufatura baseada no trabalho assalariado doméstico e a consequente Revolução Comercial.

A segunda fase começou no século XVIII e foi até o século XIX, ficando conhecida como *capitalismo industrial* ou *industrialismo*. Esse período, também chamado de Primeira Revolução Industrial, é marcado pela somatória das transformações tecnológicas, econômicas e sociais que ocorreram especialmente na Inglaterra. Juntamente aos espólios da Revolução Comercial, resultou na instalação do sistema fabril e na difusão do capitalismo.

A terceira fase, também conhecida como *capitalismo financeiro* ou *monopolista*, iniciou-se a partir do século XX. Surgiram grandes empresas interessadas em dominar a oferta de determinado serviço ou produto. É possível verificar, então, uma evolução nas formas de obtenção de lucratividade. Se, na fase industrial, a lucratividade era obtida essencialmente pela produção industrial em larga escala, no capitalismo financeiro, as atenções voltam-se para as empresas monopolistas e para a especulação.

Esperamos que, ao final deste capítulo, você perceba o fenômeno em suas múltiplas complexidades. Comecemos com uma explanação sobre a substituição do feudalismo em detrimento de uma nova ordem econômica.

2.1 Substituição do feudalismo e o surgimento de uma nova ordem econômica

Antes de adentrarmos nas revoluções industriais, mercantil e financeira, que deram base à consolidação do capitalismo como modo de produção dominante, é importante contextualizar o surgimento desse sistema. De acordo com Wood (1998), a maioria dos historiadores tende a repetir a convenção de que o capitalismo nasceu e cresceu nas cidades, insinuando que toda cidade tem natureza capitalista intrínseca. A autora discorda, ao afirmar que

> o capitalismo, com todo o seu impulso específico de acumular e de buscar o lucro máximo, nasceu não na cidade mas no campo, num lugar muito específico, e tardiamente na história humana. Ele requer não uma simples extensão ou expansão do escambo e da troca, mas uma transformação completa nas práticas e relações humanas mais fundamentais, uma ruptura nos antigos padrões de interação com a natureza na produção das necessidades vitais básicas. (Wood, 1998, p. 5)

Toda a movimentação e as mudanças que ocorreram a partir do aumento da produtividade contribuíram para o surgimento do modo de produção capitalista. Êxodo rural, crescimento das cidades e disseminação do comércio somam-se a mudanças na própria dinâmica do campo, além do advento das Cruzadas e das Grandes Navegações.

Você sabe apontar qual foi o divisor de águas da transição entre os dois sistemas? Hunt (2005) afirma que a primeira parte do século XVI, em especial as **mudanças econômicas e sociais** após o ano de 1500, foi o ponto de inflexão.

> Entre as mais importantes estavam aquelas que criavam uma classe trabalhadora sistematicamente privada do controle sobre o processo de produção e forçada a uma situação em que a venda de sua força de trabalho era a única possibilidade de sobrevivência. (Hunt, 2005, p. 14)

Além disso, durante o período de transição, é importante referenciar o movimento dos **cercamentos**, que começou na Inglaterra no século XIII e intensificou-se entre os séculos XV e XVI. Os cercamentos e o crescimento populacional levaram à destruição dos laços feudais que ainda existiam, criando uma nova força de trabalho (Hunt, 2005).

Preste atenção!

Cercamentos, ou *enclosures*, representam o processo de exclusão dos trabalhadores de seu meio de sustento (terras produtivas) na transição do feudalismo para o capitalismo, mediante sua transformação em propriedade. Nesse processo, as terras eram cercadas e utilizadas como pasto de ovelha para atender à demanda por lã, que nascia em razão da indústria têxtil (Fauusp, 2015).

Outros fatores devem ser considerados como fundamentais para a origem da nova classe operária:

> Inúmeros camponeses, pequenos proprietários de terra e membros da pequena nobreza foram à falência com os exorbitantes aumentos dos aluguéis monetários. Dívidas acumuladas que não podiam ser saldadas arruinaram muitos outros. Nas cidades maiores e menores, as guildas passaram a preocupar-se cada vez mais com os níveis de renda de seus membros. Era óbvio, para os artífices e mercadores das corporações, que os passos dados para minimizar o número de seus membros serviriam para monopolizar seus ofícios e para aumentar suas rendas. Um número cada vez maior de produtores urbanos passou a não ter direito a ter qualquer meio de produção independente, à medida que as guildas ficavam mais exclusivas. Assim, uma parcela considerável da nova classe operária foi criada nas cidades pequenas e grandes. (Hunt, 2005, p. 15)

É preciso, ainda, considerar o **progresso científico**. A partir das revoluções do conhecimento do início da modernidade, o ser humano transformou sua visão e partiu em uma busca renovada pelo entendimento do mundo. Não eram apenas questões científicas e filosóficas. A técnica deu um salto quantitativo e qualitativo. Surgiram novas ferramentas para modificar o espaço, estreitar distâncias e, claro, produzir riqueza.

> ### Curiosidade
>
> Você já pensou nas grandes descobertas científicas que contribuíram para a ocorrência da transição para o capitalismo? Imagine que, naquela época, para haver a expansão do comércio entre regiões distantes, era importante o aprimoramento das navegações. Assim, descobertas como a bússola e o telescópio foram relevantes para a evolução das navegações, que contribuíram para o aumento do comércio de metais preciosos e, posteriormente, para o processo de colonização.

O modo de produção capitalista é caracterizado pela separação entre **trabalhadores livres**, que vendem sua força de trabalho em troca de um salário, e **capitalistas**, que são os donos dos meios de produção e contratam os trabalhadores para produzir mercadorias com fins lucrativos. (Sandroni, 2010). Na mesma linha de raciocínio, Hunt (2005) afirma que o sistema capitalista foi criado a partir do momento em que os costumes e a tradição presentes no feudalismo deram lugar ao mercado e à busca pelo lucro monetário na determinação das ordens econômicas que viriam a interferir na produção.

Ao longo da história, vários pesquisadores e intelectuais buscaram definir o modo de produção capitalista. Para Weber (1982), o capitalismo é caracterizado essencialmente pela burocracia, com predomínio do comportamento racional. As empresas deixaram de ser domésticas, passando a requerer sistemas contábeis e administrativos eficientes. O autor assim elucida:

> uma economia racional é uma organização funcional orientada para os preços monetários que se originam nas lutas de interesses dos homens no mercado. [...] quanto mais o mundo da economia capitalista moderna segue suas próprias leis imanentes, tanto menos acessível é a qualquer relação imaginável com uma ética religiosa de fraternidade. Quanto mais racional, e, portanto impessoal, se torna o capitalismo, tanto mais ocorre isso. (Weber, 1982, p. 379-380)

De acordo com James (1998), citando Sombart, a essência do capitalismo é o "espírito" que se desenvolveu na burguesia europeia de fins da Idade Média. A formação e a evolução do capitalismo foram motivadas pela busca de lucros, e não pela acumulação de capital.

Sandroni (2010, p. 119) afirma que, de acordo com Marx, o capitalismo é a "exploração dos trabalhadores pelos capitalistas". Desse modo, o "valor do salário pago corresponderia apenas a uma parcela mínima do valor do trabalho executado". A diferença, denominada *mais-valia*, é apropriada pelos donos dos meios de produção sob a forma de lucro.

A partir deste momento, nossa atenção será voltada para as três fases dessa forma de organização socioeconômica: capitalismo comercial ou mercantilismo, marcado pela Revolução Comercial; capitalismo industrial ou industrialismo, resultado da Revolução Industrial; e capitalismo financeiro ou monopolista, com o surgimento de grandes empresas monopolistas.

2.2 Primeira fase: capitalismo comercial ou mercantilismo

A respeito dessa fase inicial, Sandroni (2010) destaca que esta caracteriza-se como a doutrina econômica vigente no período da Revolução Comercial (séculos XVI-XVIII). Além disso, o mercantilismo foi marcado pela **desintegração do feudalismo** e pela **formação dos Estados Nacionais**. O período apresenta aspectos das estruturas econômicas feudais e de diversos fatores que, mais tarde, viriam a ser identificados como características do sistema capitalista. Bobbio, Matteucci e Pasquino (1998) afirmam que o mercantilismo pode ser definido como uma linha de pensamento e ação que une política e economia, tanto na teoria quanto na prática.

A fase inicial do mercantilismo é também conhecida como *bulionismo*. Surgiu quando a "Europa estava passando por uma profunda escassez de ouro e prata em barra, não tendo, portanto, dinheiro suficiente para atender ao volume crescente do comércio" (Hunt, 2005, p. 17). As políticas bulionistas consistiam em atrair e manter esses metais preciosos circulando em determinada economia. Estimular o garimpo nas colônias americanas e proibir a exportação de ouro e prata foram algumas das medidas tomadas desde o fim da Idade Média até os séculos XVI e XVII (Hunt, 2005).

> **Importante!**
>
> O mercantilismo define os aspectos econômicos do processo de transição do feudalismo para o capitalismo (Silva; Silva, 2009). Nesse período, o Estado era absolutista, e a estrutura social, estamental. Desse modo, ainda havia certa ordem medieval, porém com novos elementos, como a burguesia.

Uma característica do mercantilismo é a defesa de um **comércio exterior protecionista**, visando ao acúmulo de divisas em metais preciosos pelo Estado (Sandroni, 2010). O mercantilismo apresenta quatro princípios básicos:

> 1) o Estado deve incrementar o bem-estar nacional, ainda que em detrimento de seus vizinhos e colônias; 2) a riqueza da economia nacional depende do aumento da população e do incremento do volume de metais preciosos no país; 3) o comércio exterior deve ser estimulado, pois é por meio de uma balança comercial favorável que se aumenta o estoque de metais preciosos; 4) o comércio e a indústria são mais importantes para a economia nacional que a agricultura. Essa concepção levava a um intenso protecionismo estatal e a uma ampla intervenção do Estado na economia. (Sandroni, 2010, p. 534)

A respeito do terceiro princípio, que objetiva o estímulo do comércio exterior com uma **balança comercial favorável**, Hunt (2005) argumenta que as exportações de bens e serviços, como transporte e seguros, foram estimuladas, ao passo que as importações foram desestimuladas. Além disso, "um dos tipos mais importantes de política destinada a aumentar o valor das exportações e diminuir as importações foi a criação de monopólios comerciais" (Hunt, 2005, p. 18).

Mas, afinal, o que seriam esses **monopólios comerciais**? Um país como a Inglaterra poderia comprar mais barato se conseguisse limitar a negociação com os países estrangeiros a um único mercador. De forma semelhante, um mercador inglês conseguiria melhores preços se a Coroa britânica usasse seu poder para impedir o surgimento de concorrentes.

Além da criação desses monopólios, todos os países da Europa Ocidental, exceto a Holanda, regulamentavam as atividades de importação e exportação. Hunt (2005, p. 18) cita a forte política comercial relativa às matérias-primas: "às vezes, quando esses artigos tinham uma oferta reduzida para os industriais ingleses, o Estado proibia completamente sua exportação".

É possível perceber, então, o papel central do Estado na definição de políticas e estratégias para a expansão de mercados e para a proteção de interesses comerciais. Sandroni (2010, p. 534) esclarece que o "mercantilismo era constituído de um conjunto de concepções desenvolvidas na prática por ministros, administradores e comerciantes, com objetivos não só econômicos como também político-estratégicos". Desse modo, a forma como seria aplicado dependia da situação do país e de seu modelo de governo. Na Inglaterra, por exemplo, a atuação econômica andava em conjunto com as estratégias militares, e ambas, geralmente, eram agressivas.

Portanto, a fase de capitalismo comercial ou mercantilista, também conhecida como *pré-capitalista*, baseou-se nas trocas comerciais visando ao enriquecimento e à lucratividade. Assim, é possível afirmar que os mercantilistas, "limitando sua análise ao âmbito da circulação de bens, aprofundaram o conhecimento de questões como as da balança comercial, das taxas de câmbio e dos movimentos de dinheiro" (Sandroni, 2010, p. 534).

> **Importante!**
>
> Sistematicamente, a fase pré-capitalista é marcada pela ascensão das relações comerciais, pelo surgimento da moeda metálica para intermediar as trocas, pelo protecionismo mediante barreiras alfandegárias e pela busca de uma balança comercial superavitária.

2.3 Segunda fase: capitalismo industrial ou industrialismo

A Revolução Industrial pode ser compreendida como o resultado das transformações tecnológicas, econômicas e sociais que ocorreram na Europa, e em especial na Inglaterra, entre os séculos XVIII e XIX. Desde o século anterior, ocorreram inúmeras mudanças preparatórias para essa revolução: o renascimento do comércio, o desenvolvimento do artesanato corporativista, a Revolução Comercial[1] e o surgimento da manufatura baseada no trabalho assalariado doméstico (Sandroni, 2010). Em meados do século XVI, a indústria artesanal, na qual o artesão era o proprietário da oficina, das ferramentas e da matéria-prima, foi substituída pelo sistema doméstico de trabalho. Nesse novo arranjo, o capitalista fornecia a matéria-prima ao artesão independente e pagava a ele determinada quantia pelo trabalho realizado, ficando com o produto final (Hunt, 2005).

---

1 Foi o conjunto de transformações nas relações de troca ocorridas entre a Europa e o resto do mundo nos séculos XV, XVI e XVII. Decorreu da formação dos mercados nacionais e do desenvolvimento do comércio no continente europeu a partir do século XI (Sandoni, 2010). A fase foi analisada anteriormente, sendo também conhecida como *mercantilismo*.

O artesão passou a vender sua força de trabalho, e não o fruto de sua arte. A indústria artesanal fenecia. Essa transformação escancarou as portas para o domínio do sistema fabril em larga escala, característico da Revolução Industrial. Além disso, o

> processo foi impulsionado, numa primeira fase, pelo aperfeiçoamento de máquinas de fiação e tecelagem e pela invenção da máquina a vapor, da locomotiva e de numerosas máquinas-ferramentas. Em outro aspecto, a Revolução Industrial pode ser vista como o ponto alto de um longo processo de transformação no âmbito das forças produtivas, tendo suas raízes na crise do sistema feudal europeu. (Sandroni, 2010, p. 732-733)

A indústria capitalista, desde seus primórdios, é **mecanizada**. As inovações da indústria têxtil inglesa entre os anos de 1750 e 1830 espalharam-se para todos os polos produtivos. O motor do progresso é cada vez mais forte e veloz. Dathein (2003, p. 1) assim pontua:

> Vários fatores atuaram incentivando as inovações. Por exemplo, a importação de tecidos da Índia e da China pela Inglaterra demonstra uma influência do comércio sobre o desenvolvimento da indústria no último país, principalmente a partir do momento em que houve reserva de mercado e substituição de importações. Ao mesmo tempo, um importante mercado interno, com uma relativamente grande urbanização e mercantilização, estimulou a produção de bens de consumo de massa (como têxteis) na Inglaterra. Por outro lado, as mudanças que ocorriam foram induzindo, pelo aparecimento de necessidades práticas, novas inovações.

As inovações tecnológicas permitiram ampliar a substituição das forças humana e animal pela automação. Nesse processo, cada vez mais veloz, houve "a aceleração da troca da capacidade humana por instrumentos mecânicos; e a descoberta e/ou melhoria de métodos de obtenção e elaboração de matérias primas" (Dathein, 2003, p. 1). Entre as principais inovações, é possível citar a "lançadeira volante de John Kay; a máquina de fiar (a *jenny*) de James Hargreaves, que substituiu a roca; a máquina de fiar movida a água de Richard Arkwright; e o tear mecânico de Edmund Cartwright" (Sandroni, 2010, p. 733).

A Figura 2.1, a seguir, retrata um tear mecânico desenvolvido durante o período da Revolução Industrial.

Figura 2.1 – **Tear mecânico**

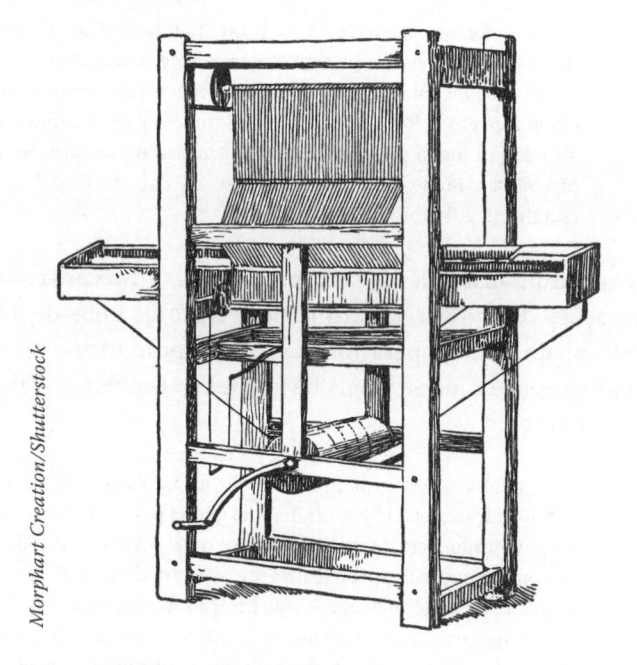

Morphart Creation/Shutterstock

Huberman (1986) lembra do dia 11 de março de 1776, quando foi apresentada ao mundo a máquina a vapor. Se o capitalismo fosse uma religião, essa data talvez marcasse o feriado mais importante: "segundo os novos princípios do Sr. Watt, foi posta em funcionamento em Bloomfield Colliery [...], na presença de alguns homens de ciência cuja curiosidade fora estimulada pela possibilidade de ver os primeiros movimentos de uma máquina tão singular e poderosa" (Huberman, 1986, p. 157). Essa invenção tornou-se tão relevante e útil que, em 1800, já estava sendo utilizada em 30 minas de carvão, 22 minas de cobre, 28 fundições, 17 cervejarias e 8 usinas de algodão (Huberman, 1986).

> **Preste atenção!**
>
> James Watt foi um matemático e engenheiro. Nasceu no ano de 1736, na Escócia. Em seus experimentos, Watt observou que a máquina de Newcomen, a mais avançada até aquele momento, perdia grandes quantidades de calor. Para resolver o problema, Watt idealizou o condensador, que deveria permanecer separado do cilindro, mas, ao mesmo tempo, conectado a ele, de modo a manter a temperatura do condensador baixa. A invenção cavou o lugar de Watt na história e foi o estopim para a Revolução Industrial. Confira a máquina na Figura 2.2, a seguir.

Figura 2.2 – Máquina a vapor de Watt

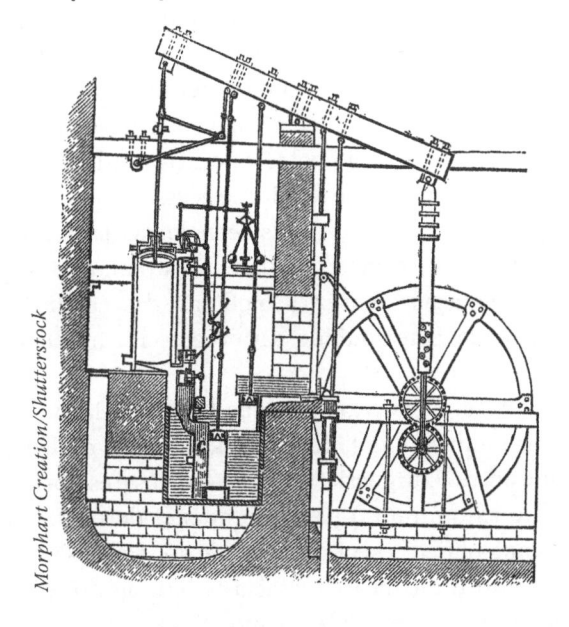

Morphart Creation/Shutterstock

O pano de fundo dessas inovações tecnológicas foi a expansão colonial e mercantil da Inglaterra, que, de acordo com Sandroni (2010), forneceu capital e matéria-prima para a atividade manufatureira. O aparecimento da máquina movida a vapor marcou o nascimento do sistema fabril em grande escala, expandindo, significativamente, a produção e inaugurando a fase decisiva da Revolução Industrial.

O sistema fabril em grande escala garantiu as condições técnicas para o aumento da produção. Mas, afinal, o que o motivou? De onde teria surgido tanta demanda?

> Esse aumento da produção foi em parte provocado pelo capital, abrindo caminho na direção dos lucros. Foi, em parte, uma resposta ao aumento da procura. A abertura de mercados das terras recém-descobertas foi uma causa importante desse aumento. Houve outra. As mercadorias produzidas nas fábricas encontravam também um mercado interno simultaneamente com o mercado externo. Isso devido ao crescimento da população da própria Inglaterra. (Huberman, 1986, p. 158)

A produção mecanizada permitiu que as indústrias migrassem para perto das áreas produtoras de matéria-prima. Outro movimento importante foi a utilização da máquina a vapor nos meios de transporte, em locomotivas e navios, a partir de 1830. Isso possibilitou a interligação entre os centros industriais e o mercado consumidor, além de facilitar o acesso a fontes de recursos naturais. A utilização de novas tecnologias permitiu o "abastecimento dos crescentes contingentes urbanos. A regularidade da alimentação aliou-se à melhoria das condições sanitárias e de saúde, contribuindo para o crescimento demográfico" (Sandroni, 2010, p. 733).

Alta produtividade, lucratividade, trabalho assalariado e consumo em massa também ampliaram a relação com o dinheiro, principalmente entre a burguesia. Grandes bancos e estabelecimentos de crédito assumiram o papel de financiadores das empresas. Já no plano político, a segunda metade do século XIX foi marcada pela substituição da aristocracia de base agrária pela burguesia industrial financeira (Cavalcante; Silva, 2011).

E qual era o papel desempenhado pelo Estado? Perceberam que, até agora, ele pouco apareceu? Será que o Estado não foi tão importante para o nascimento dessa nova estrutura econômica? No período da Revolução Industrial, o Estado orientava-se segundo os princípios do liberalismo político e econômico.

> **Importante!**
>
> Você sabe o que é liberalismo? A teoria do liberalismo foi desenvolvida por Adam Smith e John Stuart Mill. Esses autores defendem que o próprio modo de produção capitalista contém mecanismos eficientes de autorregulação (também conhecidos como *mão invisível*). Para Smith, cada indivíduo que age livremente em prol de interesses próprios produz um resultado não intencional que beneficia toda a sociedade: o progresso e a riqueza da nação (Paulani, 1999). A iniciativa individual geraria um resultado positivo marginal para toda a população, incluindo as classes mais baixas (Paulani, 1999). Desse modo, o papel do Estado deveria limitar-se à defesa da ordem capitalista e do sistema de livre concorrência.

Apesar das profundas transformações econômico-sociais que se estenderam para além da Inglaterra[2] em caráter permanente, a Revolução Industrial não deixou de ser um processo contraditório (Sandroni, 2010). De um lado, era possível notar o aumento da produtividade e o aprofundamento da divisão social do trabalho. Do outro, era perceptível a miséria da maioria dos trabalhadores, obrigados a trabalhar até 16 horas por dia. Eram coagidos com a ameaça constante de desemprego, além de serem privados de direitos políticos e sociais. Essa situação levou à formação dos primeiros sindicatos, à elaboração do pensamento socialista e da erupção de diversas revoltas de trabalhadores.

É possível sintetizar as tensões da Revolução Industrial desta forma:

> A Revolução Industrial vai além da ideia de grande desenvolvimento dos mecanismos tecnológicos aplicados à produção, na medida em que: consolidou o capitalismo; aumentou de forma rapidíssima a produtividade do trabalho; originou novos comportamentos sociais,

---

2 Ressaltamos que a Revolução Industrial expandiu-se para outros países: França (1804-1815), Alemanha (iniciou-se depois de 1840 e intensificou-se após a unificação nacional em 1870), Estados Unidos (acelerou-se após a Guerra de Secessão, 1865, e da conquista do Oeste) (Sandroni, 2010).

novas formas de acumulação de capital, novos modelos políticos e uma nova visão do mundo; e talvez o mais importante, contribuiu de maneira decisiva para dividir a imensa maioria das sociedades humanas em duas classes sociais opostas e antagônicas: a burguesia capitalista e o proletariado. (Cavalcante; Silva, 2011, p. 4)

Na próxima seção, abordaremos a terceira fase do sistema econômico capitalista: o capitalismo financeiro.

2.4 Terceira fase: capitalismo financeiro ou monopolista

Esclarecemos que a segunda fase do capitalismo caracterizou-se pela ascensão da industrialização, que se iniciou na Inglaterra e, posteriormente, seguiu para os demais países, como Alemanha, Bélgica, Portugal, Espanha e Estados Unidos. Após a consolidação da indústria, teve início uma nova fase do capitalismo, conhecida como *capitalismo financeiro* ou *monopolista*. Essa terceira fase iniciou-se no fim do século XIX e foi até a metade do século XX.

Importante!

Se comparada com as duas fases anteriores, a inovação da terceira fase aconteceu em razão da busca pelo lucro a partir dos processos de especulação.

O que seriam os processos de especulação? Essa especulação está ligada ao mercado financeiro? Você já parou para refletir sobre essa questão? Sandroni (2010) afirma que tal processo refere-se à compra e venda sistemática de títulos, ações, imóveis, entre outros, visando à lucratividade rápida e elevada. O processo de especulação aproveita-se da oscilação dos preços.

> A atuação de um especulador consiste em comprar títulos ou *commodities* quando seus preços estão baixos, ou em baixa, e vender esses mesmos títulos ou *commodities* quando os preços estão em alta ou alcançam um ponto máximo de elevação. As áreas preferidas para a ação dos especuladores são as Bolsas de Valores e de Mercadorias ou os gêneros de primeira necessidade. (Sandroni, 2010, p. 311)

Desse modo, os interesses voltam-se, então, para os produtos financeiros. Podemos tomar como exemplo as ações de empresas, os juros, os financiamentos, os empréstimos e os investimentos. Começa a ocorrer um movimento de fusão do capital, que passou a ser gerido por instituições financeiras ou empresas multinacionais, caracterizando o processo de monopolização das instituições.

Você sabe qual é a consequência da monopolização das instituições? Foi o surgimento de *holdings*, trustes, cartéis e oligopólios. Mas você sabe o que designa cada uma dessas nomenclaturas?

Holding é o processo pelo qual uma empresa mantém o controle sobre outras empresas mediante a posse majoritária de ações (Sandroni, 2010). Você deve estar se perguntando: Mas que caso prático é possível citar como *holding*? Um exemplo é o Grupo Silvio Santos, que controla as Lojas do Baú da Felicidade, a emissora SBT, a SSR Cosméticos (responsável pela marca Jequiti), entre outras.

Truste, por sua vez, é "um tipo de estrutura empresarial na qual várias empresas, já detendo a maior parte de um mercado, combinam-se ou fundem-se para assegurar esse controle, estabelecendo preços elevados que lhes garantam elevadas margens de lucro" (Sandroni, 2010, p. 859). Ressaltamos, no entanto, que os trustes são ilegais em muitos países. No Brasil, por exemplo, para que ocorra uma fusão entre empresas, há uma avaliação detalhada a ser feita pelo Conselho Administrativo de Defesa Econômica (Cade). O órgão tem poder para impedir a negociação caso entenda que ela ameaça a livre concorrência, o interesse do consumidor ou, até mesmo, a economia nacional. Como exemplo de incorporação controversa, podemos citar a formação da alimentícia BRF S.A. a partir da fusão entre Sadia e Perdigão.

Já os **cartéis** referem-se, de acordo com Sandroni (2010), a um grupo de empresas independentes que formaliza um acordo para atuar coordenadamente com vistas a interesses comuns. Note que, nesse caso, as empresas mantêm sua autonomia. Elas atuam conjuntamente com vistas a objetivos comuns. Um exemplo muito típico, constantemente noticiado pela imprensa, é a atuação dos postos de gasolina, que atuam conjuntamente combinando preços.

Por fim, o **oligopólio** ocorre quando poucas empresas controlam a maior parcela do mercado (Sandroni, 2010), sem, no entanto, terem qualquer ligação formal entre si. Como exemplo, é possível citar o mercado de doces, chocolates e biscoitos, dominado por multinacionais como Nestlé e Mondelez International.

O capitalismo financeiro ou monopolista foi marcado pela globalização, pela monopolização institucional e pela expansão mundial de produção, do mercado de bens, serviços e capitais e da informação. Essa fase do capitalismo também foi definida por alterações na Divisão Internacional do Trabalho (DIT), que envolve a subcontratação e a terceirização da mão de obra. Em meio a essas mudanças, é preciso citar, ainda, a abertura e a liberalização dos mercados, a partir da eliminação de barreiras alfandegárias.

A terceira fase do capitalismo imprimiu o desenvolvimento do sistema financeiro, que controla a economia, aumenta os lucros e contribui para a acumulação do capital. Assim, é possível depreender, segundo Netto (2011), que o capitalismo financeiro ou monopolista aumentou as contradições da ordem burguesa no que diz respeito à exploração, à alienação e à transitoriedade histórica. O domínio ampliado dos mercados facilitou o controle do fluxo de capitais.

Diante desse panorama, Netto (2011) afirma que a organização monopolista favorece o aumento do preço de produtos e serviços e a consequente elevação da taxa de lucratividade. É possível inferir, então, que o capitalismo financeiro ou monopolista conduz a uma contradição: por um lado, há a socialização da produção; por outro, verifica-se a apropriação privada, em que o Estado garante os superlucros dos grandes monopolistas.

Síntese

O sistema feudal entrou em crise no século XIV em razão da conjunção de vários fatores. Entre eles, é possível citar: a ascensão da burguesia nas cidades medievais, que favoreceu as trocas comerciais; a crise no campo; as revoltas camponesas; e a peste negra. Tudo isso levou a um movimento de fuga do campo em direção aos espaços urbanos. Foi aí que os senhores feudais e a burguesia em ascensão viram a necessidade de traçar estratégias de desenvolvimento de suas estruturas econômicas, transformando a cidade no ponto central de consolidação do sistema econômico capitalista. Assim, a crise do feudalismo levou ao nascimento do novo sistema, marcado por três fases: capitalismo comercial ou mercantilista capitalismo industrial ou industrialismo, e capitalismo financeiro ou monopolista.

A fase do capitalismo comercial, ou mercantilismo, foi caracterizada pela Revolução Comercial e ocorreu entre os séculos XVI e XVIII. Também chamada de *pré-capitalista*, foi a fase de transição entre a desintegração da ordem feudal e a ascensão do novo modelo. A zona urbana passou a assumir papel relevante na esfera econômica, fornecendo as bases para a ascensão do capitalismo. Esse período baseou-se nas trocas comerciais, visando ao enriquecimento e ao aumento da lucratividade. Foi marcado pela ascensão das relações comerciais, pelo surgimento da moeda metálica, pelo protecionismo e pela constante busca por uma balança comercial superavitária.

A fase do capitalismo industrial, ou industrialismo, estendeu-se entre os séculos XVIII e XIX. A Revolução Industrial provocou profundas transformações tecnológicas, econômicas e sociais na Europa, sobretudo na Inglaterra. Isso foi possível graças a mudanças prévias, ocorridas durante a fase do mercantilismo. O surgimento do sistema fabril em larga escala, que caracterizou a Revolução Industrial, é um exemplo. O aperfeiçoamento das máquinas de fiação e tecelagem e a invenção da máquina a vapor, da locomotiva e de outras máquinas-ferramentas foram os embriões da indústria capitalista mecanizada.

Por fim, a fase do capitalismo financeiro, ou monopolista, iniciou-se no fim do século XIX, após a consolidação da indústria. Foi marcada pelos processos de especulação e pelos grandes monopólios. Produtos financeiros, como ações, juros, financiamentos e investimentos, tornaram-se os principais ativos. Na estrutura produtiva, foi possível verificar o surgimento de *holdings*, trustes, cartéis e oligopólios. Essa última fase foi assinalada pela globalização, pela monopolização institucional e pela expansão mundial da produção, do mercado de bens, serviços e capitais e da informação.

Para saber mais

CAPITALISMO, uma história de amor (*Capitalism, a Love Story*). Direção: Michael Moore. Estados Unidos, 2009. 127 min. Disponível em: <https://www.youtube.com/watch?v=UgstIm2Ee-o>. Acesso em: 16 jun. 2019.

O documentário Capitalismo: uma história de amor *é uma excelente dica para quem tem interesse em conhecer um exemplo claro das relações de desigualdade existentes no sistema capitalista, as quais aprofundam ainda mais a exclusão, a vulnerabilidade e a pobreza. O cineasta Michael Moore apresenta a forma escandalosa como, durante a presidência de George W. Bush, alguns magnatas por detrás das grandes cooperações norte-americanas enriqueceram vertiginosamente enquanto milhares de cidadãos comuns perdiam suas casas diante de absoluta ruína financeira. Durante o filme, é possível perceber a manipulação da população pelos detentores de capital.*

TEMPOS modernos. Direção: Charles Chaplin. Estados Unidos: Warner. 83 min. Disponível em: <https://www.youtube.com/watch?v=HAPilyrEzC4>. Acesso em: 16 jun. 2019.

Clássico absoluto e obra-prima de Charles Chaplin, retrata a vida de um trabalhador durante a Segunda Revolução Industrial. Uma sátira que se tornou icônica e que, apesar do tom humorístico, sensibiliza e faz refletir. A cena do operário sendo engolido pela máquina é um símbolo das relações de trabalho que dificilmente será esquecido.

TRABALHO interno. Direção: Charles H. Ferguson. Estados Unidos: Cores, 2010. 108 min.

O documentário é recomendado para conhecer os efeitos da crise do capitalismo na sociedade e, consequentemente, nas relações sociais. Dirigido por Charles H. Ferguson, discute a crise financeira global que estourou em 2008. Dividido em cinco partes, o filme explora como as mudanças no ambiente político e as práticas bancárias ajudaram a criar a crise financeira.

Questões para revisão

1. O surgimento do sistema econômico capitalista ocorreu em três fases: o capitalismo comercial ou mercantilista, o capitalismo industrial e o capitalismo financeiro ou monopolista. Discorra sobre essas três fases, apontando as principais diferenças entre elas.

2. Durante a fase do capitalismo industrial, ou industrialismo, como o Estado atuava para estimular a estrutura econômica nascente?

3. Analise as afirmativas a seguir e marque V para as verdadeiras e F para as falsas.
   ( ) O feudalismo entrou em crise no século XIV em razão de fatores como a ascensão da burguesia nas cidades medievais, a crise no campo, as revoltas camponesas e a peste negra, o que tornou o espaço urbano o ponto central para o desenvolvimento do capitalismo.
   ( ) A primeira fase do capitalismo é conhecida como *capitalismo mercantilista*. Essa fase marcou o renascimento do comércio e o surgimento da manufatura baseada no trabalho assalariado doméstico, além de ter propiciado a chegada da Revolução Comercial.
   ( ) A segunda fase do capitalismo é conhecida como *capitalismo monopolista*. Essa fase foi assinalada pela instalação do sistema fabril, pelo surgimento das grandes empresas interessadas no monopólio e pelos movimentos de especulação.

( ) A terceira fase do capitalismo é conhecida como *capitalismo financeiro*. Essa fase diferencia-se da segunda fase por voltar as atenções para empresas monopolistas e para movimentos especulativos que vão gerar lucratividade.

Agora, assinale a alternativa que apresenta a sequência correta:
a) V, V, F, V.
b) V, F, F, V.
c) V, V, V, F.
d) F, V, F, V.

4. Sobre o período compreendido entre o declínio do feudalismo e o surgimento de uma nova ordem econômica, analise as afirmativas a seguir e marque V para as verdadeiras e F para as falsas.

( ) A transição do feudalismo para o capitalismo foi marcada por mudanças econômicas e sociais ocorridas após o ano de 1400, e uma das mais importantes foi a criação de uma classe trabalhadora dona dos meios de produção.

( ) Foram importantes para o renascimento do comércio: o crescimento das cidades e das vilas, o êxodo rural, a disseminação do comércio entre as regiões, o movimento das Cruzadas e as Grandes Navegações.

( ) Alguns fatores que contribuíram para o nascimento de uma nova classe operária foram: o movimento dos cercamentos, o crescimento populacional, a falência dos pequenos camponeses proprietários de terras e o controle das guildas sobre os níveis de renda de seus membros.

( ) O modo de produção capitalista é caracterizado pela separação entre trabalhadores escravos (que recebem alimentação e moradia em troca da força de trabalho), capitalistas, proprietários dos meios de produção (que visam à lucratividade) e senhores feudais (que são parte da nobreza).

Agora, assinale a alternativa que apresenta a sequência correta:
a) V, V, F, V.
b) F, F, V, V.
c) F, V, V, F.
d) F, F, V, F.

5. A respeito das três fases do capitalismo, analise as afirmativas a seguir e marque V para as verdadeiras e F para as falsas.

( ) O capitalismo comercial ou mercantil foi marcado pela desintegração do sistema feudal e pela formação dos Estados Nacionais. Nesse período, o Estado era essencial e apresentava uma vertente liberal, com um comércio exterior livre de barreiras alfandegárias.

( ) O capitalismo monopolista voltou-se para o desenvolvimento do sistema financeiro e aumentou as contradições da ordem burguesa no que se refere à exploração, à alienação e à transitoriedade histórica.

( ) Os processos especulativos do mercado financeiro foram característicos do capitalismo monopolista, em que a busca pelo lucro estava pautada nesse tipo de mercado.

( ) Na fase do capitalismo monopolista, as inovações tecnológicas embasaram a ampliação da substituição das forças humana e animal pela inanimada. O Estado assumiu papel primordial com uma postura protecionista, visando ao desenvolvimento da indústria nascente.

Agora, assinale a alternativa que apresenta a sequência correta:
a) V, V, V, F.
b) F, V, V, F.
c) V, V, F, F.
d) V, F, V, F.

Questão para reflexão

1. Leia o texto a seguir e comente o papel do assistente social tendo como base as diversas contradições do capitalismo, inclusive a exploração de mão de obra.

Fiscalização flagra trabalho escravo e infantil em marca de roupas de luxo em SP

"Desenvolvemos nossos produtos com o objetivo de atender mulheres que valorizam a sofisticação, o requinte e o conforto sempre com um olhar contemporâneo", dizem peças publicitárias da marca de roupas femininas Brooksfield Donna.

Mas uma investigação de fiscais do Ministério do Trabalho sugere que esse objetivo possa estar sendo cumprido com ajuda da exploração de trabalho escravo.

Após inspeção em uma das oficinas subcontratadas pela empresa, em São Paulo, no início de maio, auditores do Programa de Erradicação do Trabalho Escravo, do Ministério do Trabalho e Emprego autuaram a marca por trabalho análogo à escravidão e trabalho infantil [...].

Cinco trabalhadores bolivianos – incluindo uma menina de 14 anos – foram encontrados na pequena oficina no bairro de Aricanduva, cuja produção era 100% destinada à marca. Sem carteira assinada ou férias, eles trabalhavam e dormiam com suas famílias em ambientes com cheiro forte, onde os locais em que ficavam os vasos sanitários não tinham porta e camas eram separadas de máquinas de costura por placas de madeira e plástico.

Os salários dos trabalhadores bolivianos dependiam da quantidade de peças produzidas – R$ 6,00, em média, por roupa costurada [...].

Procurada pela reportagem, a Via Veneto, proprietária da Brooksfield Donna, negou vínculo com a oficina e afirmou que "não mantém e nunca manteve relações com trabalhadores eventualmente enquadrados em situação análoga a de escravos pela fiscalização do trabalho".

Fonte: BBC News Brasil, 2016.

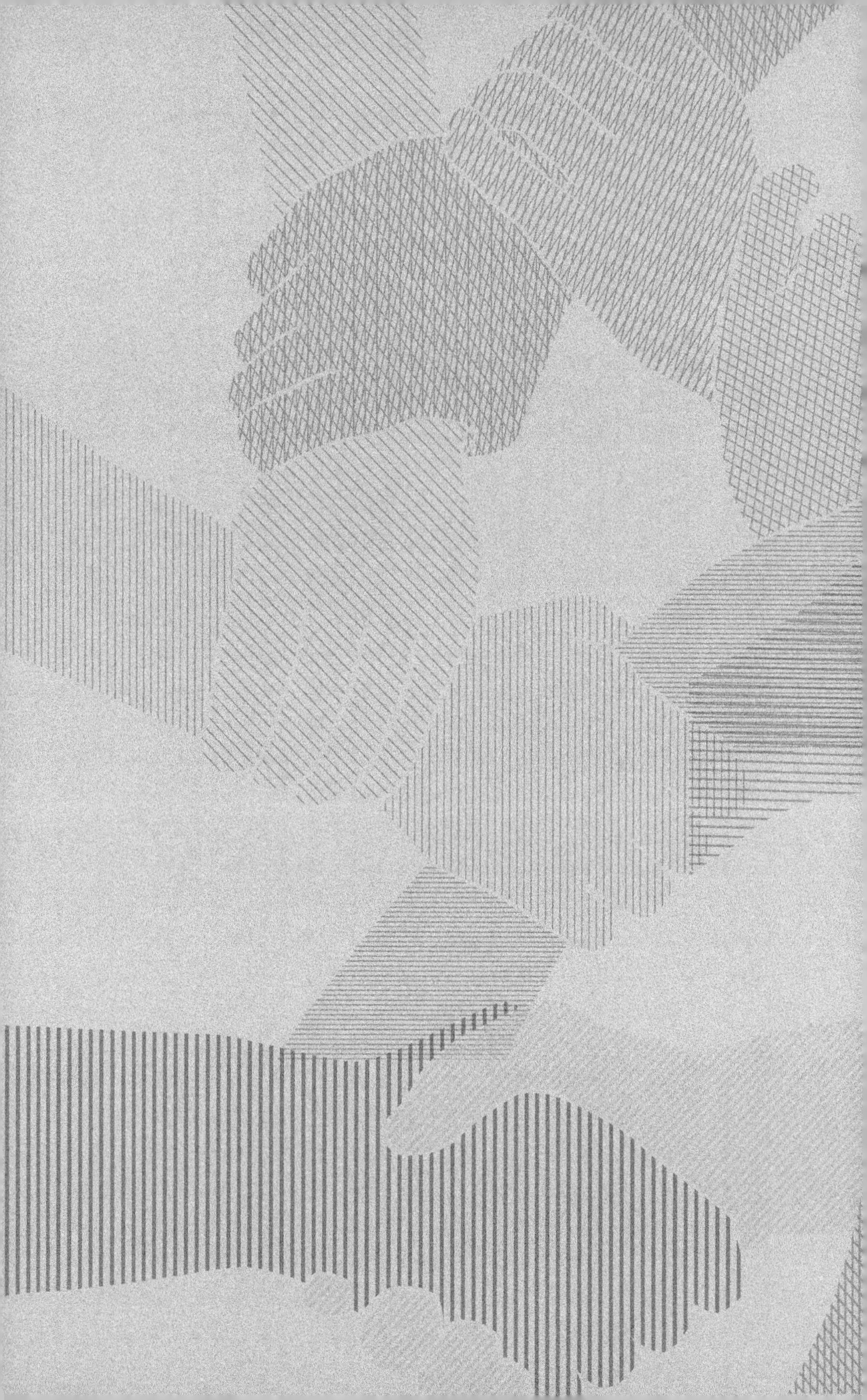

CAPÍTULO 3

Histórico do capitalismo no Brasil

Conteúdos do capítulo:

- Brasil Colônia e suas principais características.
- Economia escravista mercantil brasileira (1810-1888).
- Economia exportadora capitalista e as origens da indústria brasileira (1888-1933).
- A industrialização restringida segundo João Manoel Cardoso de Mello (1933-1955).
- O capitalismo e a industrialização pesada (1955 em diante).

Após o estudo deste capítulo, você será capaz de:

1. contextualizar o desenvolvimento capitalista brasileiro e suas raízes;
2. diferenciar as características da colonização brasileira e como atenderam às demandas do capitalismo que ascendia na Europa desde o século XV;
3. analisar o período compreendido entre 1810 e 1888 e entender o que levou o Brasil a ser responsável pela produção de mais da metade do café consumido mundialmente;
4. constatar a dependência externa brasileira e seus malefícios;
5. compreender a Era Vargas (1930-1945), o Estado Novo e as características da industrialização restringida;
6. discorrer sobre o dinamismo do governo Juscelino Kubitschek, o Plano de Metas, o Programa de Ação Econômica do Governo (PAEG), o II Plano Nacional de Desenvolvimento (PND) e a industrialização pesada.

Neste capítulo, vamos examinar o contexto em que o Brasil foi formado, buscando compreender como a colonização do país atendeu às demandas do capitalismo ascendente e quais foram os fatores que conduziram à formação de uma economia agroexportadora e industrial.

3.1 O Brasil Colônia e suas principais características

A partir de 1492, os espanhóis iniciaram a ocupação do continente americano. Em busca da exploração de metais preciosos, começaram escravizando e dizimando os povos nativos. Segundo Souza e Pires (2010a), esse era o modelo da **colonização moderna**. Ao encontrar, no "Novo Mundo", grandes jazidas de metais preciosos, os espanhóis viram no indígena escravizado o recurso humano que possibilitaria rápido enriquecimento com baixos custos de produção.

Por sua vez, a colonização portuguesa no território que viria a ser o Brasil iniciou-se de forma distinta. Sem jazidas imediatamente evidentes, Portugal começou a explorar artigos tropicais, como o célebre pau-brasil. Não se limitaram ao extrativismo, porém, implantando também um sistema de monocultura que teve na cana-de-açúcar o principal produto. A planta tinha alta demanda e valor agregado, compensando os riscos e os custos de transporte (Souza; Pires, 2010a). Esse modelo de exploração de produtos agrícolas ficou conhecido como *plantation* (ou plantagem, em português).

> **Preste atenção!**
>
> Você sabe dizer o que é *plantation*? Lembra-se da disciplina de História ao longo do período escolar? *Plantation* "designa a produção de gêneros agrícolas tropicais em larga escala (latifúndios), baseada no trabalho escravo e destinada ao mercado europeu" (Souza; Pires, 2010b, p. 9).

A respeito dessa época de colonização, Prado Junior (2000, p. 20) assim relata:

> Se vamos à essência da nossa formação, veremos que na realidade nos constituímos para fornecer açúcar, tabaco, alguns outros gêneros; mais tarde, ouro e diamantes; depois, algodão, e em seguida café, para o comércio europeu. E com tal objetivo, objetivo exterior, voltado para fora do país e sem atenção a considerações que não fossem o interesse daquele comércio, que se organizarão a sociedade e a economia brasileiras. Tudo se disporá naquele sentido: a estrutura, bem como as atividades do país. Virá o branco europeu para especular, realizar um negócio; inverterá seus cabedais e recrutará a mão de obra de que precisa: indígenas ou negros importados. Com tais elementos, articulados numa organização puramente produtora, industrial, se constituirá a colônia brasileira.

Portanto, toda a ocupação do território brasileiro girou em torno da concentração dos meios de produção e do interesse externo. Como Fausto (1996) afirma, o Brasil transformou-se em uma colônia para abastecer o mercado europeu com gêneros alimentícios e minérios. Sempre adaptando-se à demanda do velho continente, o país apresentou três ciclos produtivos primário-exportadores. Mas, afinal, quais foram esses ciclos? Quais as principais atividades desempenhadas, considerando a estrutura geográfica e a vasta extensão de terras?

Pois bem. O primeiro ciclo produtivo foi o da extração do pau-brasil, que começou no descobrimento, atingiu o auge e encerrou-se em 1532. A madeira avermelhada, utilizada para tingir tecidos e abundante no litoral brasileiro, foi a primeira riqueza percebida pelos portugueses. A extração foi organizada em um sistema de feitorias (entrepostos comerciais), em que era explorado o trabalho indígena ou o escambo (troca direta) para obter a mercadoria (Souza; Pires, 2010a).

O ciclo seguinte iniciou-se em 1532 e avançou até meados do século XVII. Foi caracterizado pela produção do açúcar de cana. A partir de meados do século XVI, o produto obteve preços atrativos no mercado europeu, recompensando e expandindo a cultura no território brasileiro. A respeito desse plantio, Souza e Pires (2010a, p. 14, grifo do original) afirmam que "a unidade produtiva era o engenho, composto por uma moenda de tração física, movida por animais de carga ou por força humana. O sistema administrativo da colônia mudaria para um conjunto de *capitanias hereditárias*, sob as formas produtivas do latifúndio e da monocultura". Mas em que consistiam as capitanias hereditárias? Segundo Sandroni (2010), eram grandes extensões de terra doadas à exploração hereditária pela Coroa portuguesa com a finalidade de desenvolver o território por meio da colonização.

Somente no século XVIII, os portugueses começaram a explorar a mineração em sua maior colônia, constituindo-se, então, o terceiro ciclo econômico do Brasil. Entre 1709 e 1721, expedições encontraram riquezas minerais, como prata, ouro e pedras preciosas, no interior da capitania de São Paulo, o que provocou aumento demográfico dessa região e mudança do eixo econômico da colônia para o Sudeste (Souza; Pires, 2010a). Entretanto, é importante notar que o esgotamento das jazidas de metais preciosos ocorreu ainda no final do século XVIII.

Na época da colonização, o Estado português era absolutista. Assim, "todos os poderes se concentram por direito divino na pessoa do rei" (Fausto, 1996, p. 36). Sobre a administração colonial do Brasil,

> pode-se afirmar que a preocupação permanente com a necessidade de obter o domínio do território brasileiro e o controle político da colônia conduzia os administradores metropolitanos ao paradoxo de afrouxar a fiscalização sobre a captação do excedente do produto colonial, desautorizando as autoridades coloniais, convidando-as à leniência e, eventualmente, à corrupção. (Souza; Pires, 2010b, p. 21)

O fluxo comercial, portanto, estava sob rígido controle da coroa portuguesa. Os produtores e exploradores da colônia eram obrigados a vender somente para a metrópole. A possibilidade de obter maiores ganhos em um mercado aberto induziu à adoção de um discurso econômico liberal. Souza e Pires (2010b, p. 11) esclarecem:

> De fato, o discurso sobre a liberdade de comércio, que apresentava a possibilidade de a classe proprietária auferir maiores lucros sem a interferência da metrópole, passou a ser o principal motivador das lutas de independência. Também não se pode perder de vista o papel da Inglaterra, no auge de sua Revolução Industrial, ávida por encontrar espaços para suas mercadorias, além de buscar fontes baratas de matérias-primas e alimentos. O comércio exterior para a Inglaterra, no final do século XVIII, comparativamente ao mercado interno, passa a ser o motor de seu desenvolvimento econômico.

Embora o legitimador moral fosse um altivo discurso sobre a liberdade, a Inglaterra incentivava a independência das colônias de seus concorrentes europeus com a intenção de aumentar o mercado consumidor para seus artigos industriais. No século XIX, os países latino-americanos tornaram-se formalmente independentes, porém, economicamente subordinados aos interesses da Inglaterra (Souza; Pires, 2010a). No caso brasileiro, o país só obteve a independência em 1822 e, de modo mais definitivo, em 1889, com a fundação da República. A seguir, trataremos desse período, que foi marcado pela monarquia dos imperadores Pedro I e II e embasou uma economia escravista mercantil, a qual, segundo João Manoel Cardoso de Mello, vigorou de 1810 a 1888.

3.2 Economia escravista mercantil brasileira (1810-1888)

Na economia, a passagem do Brasil de colônia para país independente foi assinalada, conforme apontado, pela implantação de um sistema escravista mercantil. A esse respeito, Souza e Pires (2010a, p. 27) afirmam que "o período colonial termina, de fato, com a vinda da família real ao Brasil, em 1808. Ao abrir os portos brasileiros às "nações amigas" – sob pressão britânica – D. João VI punha fim à relação de exclusividade comercial metropolitana em terras brasileiras".

> **Preste atenção!**
>
> A Inglaterra, principal potência industrial do século XIX, estimulou a independência de países como o Brasil com a finalidade não apenas de explorar seus recursos naturais, mas também de tornar o país um mercado efetivo e potencial de seus produtos industrializados.

A independência brasileira, proclamada em 1822, não alterou a ordem econômica, social e política instaurada no país. Um novo ciclo de exportação primária com base no trabalho escravo ganhou predominância ao longo do século XIX. Qual foi? Já falamos sobre o pau-brasil, o açúcar e a mineração. O que tinha, então, o Brasil a oferecer ao mundo?

> Plantado orginalmente no Rio de Janeiro, de onde se espalhou para a região do Vale do Paraíba, que abrange o sudeste do Estado de Minas Gerais, o Estado do Rio de Janeiro e o nordeste do Estado de São Paulo, o café seria, como no caso colonial da cana-de-açúcar, a melhor opção para os fazendeiros, em função de seus preços convidativos nos mercados europeus e norte-americano. Na segunda metade do século XIX, a lavoura cafeeira estendeu-se para o oeste paulista, em razão de solos novos e mais apropriados à cultura rubiácea. (Souza; Pires, 2010b, p. 29)

Durante o século XIX, o café tornou-se o principal produto de exportação da América do Sul. O Brasil foi o carro-chefe: entre 1875 e 1880, por exemplo, foi responsável por mais da metade da produção mundial do grão. Mas por que isso aconteceu? Vamos pensar: o que estimula a oferta/produção de um produto? Nesse caso, foi o crescimento da população urbana, que provocou um aumento na demanda por café. O incremento fez com que o preço da saca aumentasse. Souza e Pires (2010b, p. 30) lembram que o valor médio passou de "uma libra e 32 *pence* no período de 1841-1850 para duas libras e 54 *pence* no decênio 1881-1890".

A Tabela 3.1, a seguir, apresenta a exportação dos cinco principais produtos brasileiros no período entre 1821 e 1890. Com base nos dados, verifica-se que, entre os 1821 e 1930, o açúcar e o algodão eram os principais produtos exportados pelo Brasil. Após esse período, o café passou a ocupar o primeiro lugar, mantendo sua hegemonia até o fim do lapso temporal analisado.

Tabela 3.1 – Pauta de exportação brasileira (1821-1890) – % do valor sobre o total da exportação

Período	Café	Açúcar	Algodão	Borracha	Couro e peles	TOTAL
1821-1830	18,40	30,10	20,60	0,10	13,60	82,80
1831-1840	43,80	24,00	10,80	0,30	7,90	86,80
1841-1850	41,40	26,70	7,50	0,40	8,50	84,50
1851-1860	48,80	21,20	6,20	2,30	7,20	85,70
1861-1870	45,50	12,30	18,30	3,10	6,00	85,20
1871-1880	56,60	11,60	9,50	5,50	5,60	88,80
1881-1890	61,50	9,90	4,20	8,00	3,20	86,80

Fonte: Souza; Pires, 2010a, p. 30.

Os produtos da Tabela 3.1 eram exportados para vários países. Inglaterra, Estados Unidos, França, Alemanha e Portugal eram os principais destinos. Souza e Pires (2010a) apontam que a Grã-Bretanha absorvia 32,9% das exportações brasileiras e era responsável por 54,8% das importações brasileiras durante aquele século.

A partir de 1850, com a imigração estrangeira e o consequente aumento dos centros urbanos (principalmente no Sudeste e no Sul), o Brasil abria suas portas para recepcionar inovações como as estradas de ferro, o telégrafo e a fundação de casas bancárias. Esses avanços foram impulsionados pelas primeiras manufaturas que surgiram para atender ao crescimento da economia cafeeira (Souza; Pires, 2010a). Além das exportações, o mercado interno também se expandiu desde a chegada em massa de trabalhadores estrangeiros.

O Brasil contava com uma pauta agroexportadora, baseada no café, e importava bens de consumo da Europa e dos Estados Unidos. Essas características tornavam a economia brasileira vulnerável às crises internacionais. A estrutura política então vigente também pode ser considerada arcaica. Assemelhava-se ao Estado absolutista, no qual havia um monarca com poder moderador. As classes mais baixas da sociedade não tinham qualquer participação efetiva.

Importante!

Havia dois partidos que se alternavam no poder: Partido Conservador e Partido Liberal, mas ambos expressavam a relação da monarquia com a servidão e a escravidão (Souza; Pires, 2010a). Essa situação dificultou e retardou o advento do capitalismo industrial e do nascimento de uma massa de trabalhadores assalariados no Brasil.

Contudo, os ventos da mudança soprariam nos trópicos. A monarquia deu lugar à Primeira República, exercida entre 1889 e 1930. Souza e Pires (2010, p. 28) afirmam:

> Pedro II reinaria por quase meio século, mantendo a base da estrutura econômica brasileira – a agricultura de exportação – e conduzindo – novamente sob demanda britânica – um lento processo de erradicação da escravidão que terminaria por indispô-lo com a aristocracia latifundiária cafeeira, viabilizando o golpe militar que traria a república ao governo do país em 1889.

Lembremos que o modelo econômico centralizado na exportação cafeeira deixava o Brasil vulnerável à oscilação dos preços desse produto no mercado internacional. Além disso, a importação crescente de manufaturados ingleses cobrava uma riqueza cada vez mais difícil de produzir. A aparente estabilidade da base produtiva brasileira começava a ruir. Mesmo os pequenos tremores faziam balançar o cada vez mais frágil imperador D. Pedro II, cuja mentalidade conservadora não resistiu ao impulso modernizador que tomou conta do mundo no final do século XIX.

3.3 A economia exportadora capitalista e as origens da indústria brasileira (1888-1933)

Vamos analisar, agora, o período compreendido entre 1888 e 1933, pois ele indica a origem do processo de industrialização brasileiro. Vários fatores forem importantes para o nascimento da indústria nacional. O fenômeno, no entanto, não se manteve isolado ao que ocorria em toda a América Latina O capitalismo finalmente começava a atravessar o Atlântico rumo ao Sul.

A esse respeito, Bragueto (2008, p. 2) afirma que "a problemática da transição é a problemática da industrialização capitalista na América Latina", já que esta última deve ser entendida como o "processo de constituição de forças produtivas capitalistas, mais precisamente como o processo de passagem ao modo especificamente capitalista de produção". De acordo com Mello (1982), chamar esse arranjo de capitalismo industrial é equivocado, pois em todo o mundo ele passa a ter forte vocação monopolista.

> **Importante!**
>
> Entre 1888 e 1932, a pauta agroexportadora brasileira se diversificou. Produtos como a borracha, na Amazônia, e o cacau, na Bahia, ganharam relevância. Entretanto, o café continuou a ser o principal produto até 1932, quando houve uma quebra no padrão de acumulação e iniciou-se uma fase de industrialização restringida.

Bragueto (2008, p. 2) afirma que entre, 1888 e 1932, "o movimento da economia brasileira é imprimido, em última instância, pela acumulação cafeeira". Como ressalta Mello (1982), durante esse período, o país vivenciiou dois ciclos do café. Entre 1886 e 1898, houve um crescimento expressivo da economia cafeeira, que encontrou condições favoráveis para seu crescimento: disponibilidade de terras, força de trabalho abundante e aumento dos preços internacionais, ocasionados pelo crescimento dos mercados consumidores. Apesar disso, uma crise instaurou-se entre os anos de 1897 e 1899, decorrente da queda dos preços internacionais e internos do café, bem como da bancarrota financeira do Estado (Bragueto, 2008).

Mesmo diante da recessão, a produção se manteve, já que as margens de lucro anteriores eram elevadas. Em 1906, houve uma supersafra. Temendo os efeitos de uma nova baixa abrupta de preços, os governos dos estados produtores reagiram, firmando o **Convênio de Taubaté**. Minas Gerais, São Paulo e Rio de Janeiro criaram regras protecionistas para o setor. Esse programa tinha cinco pontos principais:

> a) o governo compraria os excessos de produção; b) empréstimos internacionais financiariam essas compras; c) os empréstimos seriam cobertos por uma taxa em ouro imposta cada saca de café exportada; d) imposição de imposto ao plantio de novos pés de café; e) proibição de exportação de cafés inferiores. (Bragueto, 2008, p. 3-4)

Ao longo dos anos seguintes, seria consolidada, no Brasil, toda uma política de valorização do café. Em 1913, um novo programa se fez necessário. A economia cafeeira seguiu instável até 1918, quando foi salva, em grande parte, pelas fortes geadas, que reduziram as safras daquele ano.

Em 1919, teve início o segundo ciclo do café (Mello, 1982). Houve um expressivo crescimento do complexo cafeeiro e novo aumento significativo da produção. Para 1921, havia a perspectiva de uma grande safra que dificilmente escoaria, pois o principal mercado consumidor, os Estados Unidos, estava em crise. O governo brasileiro realizou o Terceiro Programa de Valorização, buscando estancar a baixa dos preços internacionais. As políticas de defesa da economia cafeeira perduraram até 1929, quando as próprias contradições do processo de acumulação do capital cafeeiro se evidenciaram (Bragueto, 2008).

> Nesta época, o governo decidiu criar o Conselho Nacional do Café que, através da compra e destruição de estoques, se encarregaria da política de sustentação. O Conselho Nacional do Café destruiu 14,4 milhões de sacas entre maio de 1931 e fevereiro de 1933, [...] diminuindo significativamente a pressão da oferta, que se alcançassem preços internacionais mais elevados. (Bragueto, 2008, p. 6)

Em suma, a respeito do papel do café e da nascente burguesia na origem da indústria brasileira, Souza e Pires (2010a, p. 45) destacam:

> Essa burguesia organizou, com os grandes proprietários de terra, a produção cafeeira e era capaz de aproveitar as condições favoráveis do mercado internacional. Da mesma forma, essa burguesia comercial também participou da empresa imigratória que conduziu, na visão de Silva, à substituição do trabalho escravo pelo trabalho assalariado. Nesse contexto, a expansão da malha ferroviária e a criação de instituições de crédito forma outros investimentos dessa burguesia comercial. Todas essas transformações que se processaram na economia cafeeira seria índices do desenvolvimento capitalista no Brasil: expansão do capital comercial nacional; trabalho assalariado; estradas de ferro; mecanização do beneficiamento de café; bancos; urbanização; tudo isso expressa uma nova forma de acumulação de capital e, consequentemente, lança as bases para a industrialização.

Portanto, o processo de industrialização brasileiro não pode ser visto isoladamente. É fruto de uma dinâmica que envolve as relações sociais capitalistas e que, ao mesmo tempo, pressupõe a expansão do mercado, a divisão do trabalho e a acumulação de capital (Souza; Pires, 2010a). É possível apontar que, entre 1880 e 1930, houve a implantação dos principais setores da indústria leve de bens de consumo não duráveis. Porém, o Brasil seguia sem ter uma indústria de bens de produção. Você sabe o motivo disso?

Primeiro, é preciso considerar, segundo Bragueto (2008), que a indústria de bens de produção apresenta uma maior relação capital/trabalho. Além disso, esse setor demandava um capital inicial expressivo. Em economias como a brasileira, era um investimento de alto risco. Também devemos ressaltar que a

relação entre o capital cafeeiro e o industrial era contraditória. De fato, os produtores do grão contribuíram, ainda que indiretamente, para a emergência da indústria. Diretamente, no entanto, impuseram limites ao processo de acumulação industrial. Salientamos, ainda, que o crescimento do capital industrial esteve atrelado aos mercados externos criados pelo complexo agroexportador cafeeiro. Assim, a "dependência pelo lado da acumulação vai determinar a posição subordinada da economia brasileira na economia mundial" (Bragueto, 2008, p. 8).
Suzigan (citado por Souza e Pires, 2010a, p. 47) assim analisa:

> As indústrias desenvolvidas nesse período foram, em sua maioria, complementares ou subsidiárias à economia de exportação e dependentes do desempenho dessa economia quanto ao crescimento do mercado interno e quanto às importações de matérias-primas, combustíveis e maquinaria. Com exceção da indústria de produção de açúcar, que era por si própria uma indústria de exportação, essas indústrias praticamente não receberam qualquer auxílio do governo, e a proteção efetiva foi aparentemente baixa. A produção e os investimentos eram muito sensíveis às mudanças na política econômica e nas tendências na economia internacional. O capital investido nessas indústrias foi originalmente acumulado quer diretamente na produção do café, açúcar, tabaco e outros produtos básicos de exportação, ou indiretamente em atividades ligadas à economia de exportação, tais como comércio de importação e exportação, comércio interno, transporte e bancos. Houve muito pouco investimento estrangeiro direto na indústria de transformação neste período.

Apesar de o padrão agroexportador ter permanecido dominante, o período compreendido entre 1888 e 1933 marcou o nascimento e a consolidação do capital industrial no Brasil. As indústrias, embora inicialmente dispersas, viriam a concentrar-se, em sua maioria, no Rio de Janeiro e em São Paulo.
Na seção seguinte, trataremos da industrialização restringida, demarcada pelo período entre 1933 e 1955.

3.4 Industrialização restringida segundo João Manoel Cardoso de Mello (1933-1955)

João Manoel Cardoso de Mello[1] afirma que, em 1933, teve início uma nova fase do capitalismo no Brasil, que perdurou até 1955, compreendendo o período denominado *industrialização restringida*. A respeito do tema, Mello (1982, p. 110) ressalta que

> há industrialização, porque a dinâmica da acumulação passa a se assentar na expansão industrial, ou melhor, porque existe um movimento endógeno de acumulação, em que se reproduzem, conjuntamente, a força de trabalho e parte crescente do capital constante industriais; mas a industrialização se encontra restringida porque as bases técnicas e financeiras da acumulação são insuficientes para que se implante, num golpe, o núcleo fundamental da indústria de bens de produção, que permitiria à capacidade produtiva crescer adiante da demanda, autodeterminando o processo de desenvolvimento industrial.

Esse período foi marcado pela Era Vargas, um divisor de águas na vida política e econômica do Brasil (Corsi, 2010). Diante dos problemas econômicos enfrentados pelo país, majorados pela crise internacional e pela superprodução de café, o governo Vargas adotou inicialmente uma política ortodoxa, contraindo o gasto público, o crédito e a emissão de moeda. Sem sucesso,

---

[1] É professor, economista e um dos fundadores das Faculdades de Campinas (Facamp) e da Universidade Estadual de Campinas (Unicamp). Graduou-se em Direito e, mais tarde, em Ciências Sociais na USP. Após finalizar um curso do BNDE-Cepal, começou a trabalhar no Banco Mercantil. Abandonou o emprego no Banco Mercantil para ser docente na Unicamp. Em 1975, defendeu sua tese de doutorado: *O capitalismo tardio*. Foi um dos idealizadores do Plano Cruzado.

o governo precisou mudar de postura. Passou a realizar uma política centrada na defesa do setor cafeeiro, importante para a recuperação econômica brasileira a partir de 1933 (Corsi, 2010). Devemos lembrar que, a partir de 1931, a condução da política cafeeira foi retirada dos estados e absorvida pelo governo federal, que centralizou as decisões.

> A sustentação do setor cafeeiro contribuiu para manter o nível de atividade no comércio, na indústria, nas finanças e nos serviços, pois os setores voltados para o mercado interno dependiam da renda gerada pelo setor exportador para a continuidade de suas atividades, e não tinham condições, sozinhos, de assegurar o dinamismo da economia. [...] a relativa sustentação da atividade econômica associada à crise cambial, decorrente da queda do valor das exportações e das fugas de capitais, contribuiu para a criação de condições favoráveis ao desenvolvimento industrial. (Corsi, 2010, p. 66)

A política adotada não tinha a intenção expressa de desenvolver a indústria, mas de atender aos interesses do setor cafeeiro. Ainda assim, contribuiu para recuperar a economia e mudar a estrutura econômica até então vigente, deslocando "o eixo dinâmico do setor exportador para o mercado interno" (Corsi, 2010, p. 67). O que ocorreu, então, foi o desencadeamento do processo de industrialização por meio da **substituição de importações** (Corsi, 2010).

Tavares (1972) lembra que esse tipo de industrialização implica alterações na pauta de importações, além da substituição de importados por produtos fabricados internamente. O Brasil do início da Era Vargas passou a importar maquinário, equipamentos e matéria-prima. Substituiu-se a compra do produto acabado pela aquisição dos meios de produção.

A incipiente expansão do setor de bens de produção liberava o setor industrial da dependência, direta ou indireta, dos lucros obtidos pela cafeicultura. Houve deslocamento do eixo econômico para a indústria fabril, obrigando a agricultura a reformular-se para uma nova relação com a indústria (Bragueto, 2008).

Ou seja, à monocultura cabe fornecer, com seus produtos de exportação, as divisas que cobrirão as despesas de importação de máquinas e equipamentos necessários à expansão das indústrias; à policultura, os alimentos que subsidiem a baixo preço a reprodução dos salários urbano-industriais. A consolidação do núcleo industrial no interior do complexo cafeeiro, em especial em São Paulo, introduziu modificações significativas na dinâmica espacial brasileira (Bragueto, 2008, p. 11).

Foi justamente nesse período que ocorreu a formação do mercado nacional. Goldenstein e Seabra (1982, citados por Bragueto, 2008, p. 12) elencam os impactos da industrialização no Sudeste brasileiro percebidos até meados da década de 1950:

- o processo de "destruição" da estrutura de economia regionais pela competição dos ramos de produção industrial e também agrícola, pela capacidade de produzir melhor e a menores custos [...];
- a locação de atividades produtivas (matérias primas minerais e agrícolas e gêneros alimentícios, beneficiados ou não) nos territórios vazios ou de pouca expressão econômica anterior [...];
- o deslocamento de capitais excedentes (sem condições favorável de valorização na região) para o Sudeste;
- a mobilização do exército de reserva latente nas áreas rurais do Nordeste e Minas Gerais.

Corsi (2010) aponta que houve um crescimento das atividades vinculadas ao mercado interno, em especial do **setor industrial**. Entre 1933 e 1939, a indústria apresentou um crescimento médio anual de 11,2%. O destaque ficou com a indústria de bens de produção. É importante ressaltar, entretanto, que "o processo de industrialização não se completou nesse momento, pois não foi possível internalizar o conjunto da produção de bens de capital" (Corsi, 2010, p. 71).

A Tabela 3.2, a seguir, apresenta a evolução da composição industrial brasileira, demonstrando o peso do setor de bens de consumo, com ênfase para o setor alimentício e têxtil.

Tabela 3.2 – Evolução da estrutura industrial brasileira em %

Categorias e Gêneros	1939	1949	1959
Têxtil	20,61	18,69	12,54
Vestuário e calçados	6,20	4,34	3,41
Alimentos	36,17	32,02	24,15
Bebidas	2,24	3,13	2,37
Fumo	1,53	1,38	1,12
Bens de consumo duráveis e/ou bens de capital	5,62	6,97	15,46
Bens intermediários	18,54	24,28	32,15
Metalúrgica	5,41	7,60	10,53
Madeira	2,41	3,39	2,64
Papel e papelão	2,11	1,99	2,97
Couros e Peles	1,95	1,52	1,08
Plásticos	–	0,20	0,68
Borracha	0,50	1,61	2,53

Fonte: Corsi, 2010, p. 72.

O café foi, então, perdendo espaço à medida que a indústria e a diversificação da agricultura avançaram. O peso da cafeicultura no valor médio da produção caiu de 48% entre 1925 e 1929 para 29,5% entre 1932 e 1936; e para 16,15% entre 1939 e 1943 (Corsi, 2010). Ao mesmo tempo, crescia a produção de arroz, cacau, cana-de-açúcar, mandioca e algodão.

Examinaremos, agora, o último tema a ser tratado neste capítulo: o capitalismo e a industrialização pesada, que ocorreu a partir da segunda metade da década de 1950.

3.5 O capitalismo e a industrialização pesada (1955 em diante)

O período de industrialização pesada que se iniciava em meados da década de 1950 no Brasil foi marcado pelo aprofundamento da divisão social do trabalho, além da expansão industrial. Esses fatos fizeram com que a indústria se tornasse o centro da economia brasileira (Bragueto, 2008).

Importante!

Apesar dos esforços de industrialização anteriores, foi na década de 1950 que o capitalismo monopolista expandiu-se na economia brasileira, modificando as esferas econômica e social do país.

A partir dos anos 1940, o Estado começou a fomentar a instalação das primeiras empresas monopolísticas brasileiras, como a Fábrica Nacional de Motores e a Companhia Vale do Rio Doce. Na década seguinte, o capital público ainda fundaria a Petrobrás, a Cosipa, a Usiminas e diversas companhias de eletricidade, como Furnas (Bragueto, 2008). Contudo, foi no quadro de uma industrialização acelerada pelo Plano de Metas, implementado durante o governo de Juscelino Kubitschek (1956-1961), que o capital multinacional foi atraído fortemente para o país, tornando hegemônico o capitalismo monopolista.

Portanto, a nova fase de industrialização pesada foi induzida com apoio do Estado e de capital estrangeiro, transferido sob a forma de capital produtivo. Desse modo,

> a ação do Estado foi decisiva ao investir maciçamente em infraestrutura e nas indústrias de base sob sua responsabilidade, o que estimulou o investimento privado. A ampliação do gasto público valeu-se,

fundamentalmente, de formas nada ortodoxas de mobilização de recursos financeiros (emissões e, até 1959, confisco cambial), uma vez que não houve qualquer modificação significativa no sistema tributário. Além disso, estabeleceu as bases da associação com a grande empresa oligopólica estrangeira, definindo, claramente, um esquema de acumulação e lhe concedendo generosos favores. Ou seja, neste período ainda é possível contar com as receitas oriundas da exportação de café para a manutenção da estratégia industrializante. Esta situação vai se reverter a partir de 1959, com a crise decisiva do café, logo da quebra dos esquemas de financiamento que permitiam transferências de excedentes do capital cafeeiro para o capital industrial. (Bragueto, 2008, p. 16)

Constata-se, assim, que o capital industrial nacional manteve a passividade diante das mudanças em curso. Mello (1982, p. 119) recomenda que

não se pense [...] que o capital industrial nacional tenha sido ferido em seus interesses concretos. Não resta qualquer dúvida de que a burguesia industrial nacional não poderia afrontar por si só os problemas da industrialização pesada (acesso à tecnologia externa, financiamento interno e externo), pois que ancorada nas indústrias leves e detendo um frágil poder de acumulação. [...] O capital industrial nacional 'optou' pela entrada do capital estrangeiro nos novos setores e pelo papel relativamente limitado do Estado como empresário.

O Estado e os grandes oligopólios internacionais imprimiram velocidade ao processo de industrialização pesada em território brasileiro, tendo no capital monopolista seu combustível. O país assistia à sua própria versão da Segunda Revolução Industrial, deslocada no tempo e com diversas características peculiares. De acordo com Bragueto (2008), ela ocorreu em dois momentos: primeiro, com o Plano de Metas (1956-1960) e, segundo, entre 1967 e 1974, quando foi concluída a instalação de setores de bens de consumo duráveis, de bens intermediários e de capital.

A respeito do primeiro momento, Gremaud et al. (2011) afirmam que o **Plano de Metas** é considerado o auge da industrialização brasileira. Juscelino Kubitschek, também chamado de JK, ficou conhecido pelas políticas desenvolvimentistas, com grandes investimentos em transporte, energia e industrialização, com a finalidade de proporcionar o crescimento e o desenvolvimento econômico.

> **Preste atenção!**
>
> O plano adotado no governo JK tinha como principal objetivo estabelecer as bases de uma economia industrial madura, de modo a aprofundar o setor produtor de bens de consumo duráveis. Para isso, o governo nacional-desenvolvimentista tinha como lema a superação de gargalos e o desenvolvimento de "50 anos em 5" (Gremaud et al., 2011).

Estes são, resumidamente, os principais pontos do Plano de Metas:

> i. investimentos estatais em infraestrutura, com destaque para os setores de transporte e energia elétrica. No que diz respeito aos transportes, cabe destacar a mudança de prioridades, que, até o governo Vargas, centrava-se no setor ferroviário, e passou para o rodoviário, que estava em consonância com o objetivo de introduzir o setor automobilístico no país;
>
> ii. estímulo ao aumento da produção de bens intermediários, como o aço, o carvão, o cimento, o zinco etc., que foram objetos de planos específicos;
>
> iii. incentivos à introdução dos setores de consumo duráveis e de capital (Gremaud et al., 2011, p. 365-366).

Essa política visava estimular o processo de industrialização. A Tabela 3.3, a seguir, mostra alguns dados referentes à economia brasileira no período compreendido entre 1955 e 1961. A partir dos dados apresentados, é possível verificar o impacto das medidas tomadas, com o crescimento do setor industrial e do setor de serviços.

Tabela 3.3 – Taxas de crescimento do produto e setores (1955-1961)

Ano	PIB	Indústria	Agricultura	Serviços
1955	8,8	11,1	7,7	9,2
1956	2,9	5,5	-2,4	0
1957	7,7	5,4	9,3	10,5
1958	10,8	16,8	2	10,6
1959	9,8	12,9	5,3	10,7
1960	9,4	10,6	4,9	9,1
1961	8,6	11,1	7,6	8,1

Fonte: Gremaud et al., 2011, p. 367.

Os resultados da política industrial do período são, ainda hoje, surpreendentes. Entre 1955 e 1962, os percentuais de crescimento foram: 711% no setor de materiais de transporte, 417% no setor de materiais elétricos e de comunicações, 34% no setor têxtil, 54% no setor de alimentos e 15% no setor de bebidas (Gremaud et al., 2011).

Apesar dos avanços, Gremaud et al. (2011) afirmam que o Plano de Metas apresentava problemas. Neste ponto, podemos questionar quais seriam tais dificuldades, uma vez que a economia estava apresentando sinais positivos.

A primeira foi a gestão do financiamento público, pois os investimentos eram feitos por meio da emissão monetária, desencadeando um processo inflacionário. Outra fonte de recursos foi derivada do aumento da dívida externa e deterioração do saldo em transações correntes, o que piorava o quadro fiscal do país. O desestímulo à agricultura e aos investimentos na indústria com tecnologia e capital intensivo ainda levaram a um rápido aumento da concentração de renda.

Esgotado o Plano de Metas, o país assistiu a uma queda brusca do ritmo de crescimento. Bragueto (2008, p. 18) afirma que, a partir de "1962, e se estendendo até 1967, a queda no ritmo de crescimento da economia foi evidente. Esta desaceleração decorreu em grande parte dos fatores de natureza cíclica, relacionados com a conclusão do volumoso pacote de investimentos públicos e privados iniciados em 1956/57".

O início da década de 1960 marcou uma reversão do período vivido até então com o Plano de Metas do governo JK. Assim, principalmente após 1963, a economia brasileira foi marcada pela queda dos investimentos e da taxa de crescimento da renda brasileira, assim como pela elevação dos índices de inflação. Gremaud et. al (2011) ressaltam que a década de 1960 foi um período em que ocorreram mudanças significativas no Brasil. Primeiro, do ponto de vista político, passamos de um sistema democrático para um período de regime militar a partir de 1964. O início da década foi marcado por uma crise econômica, seguida por um período de forte recuperação no último triênio, conhecido como *milagre econômico brasileiro*.

A Tabela 3.4, a seguir, apresenta alguns dos indicadores do início da década de 1960, que corroboram com o exposto até aqui.

Tabela 3.4 – Indicadores da economia brasileira (década de 1960)

Ano	Crescimento PIB (%)	Crescimento da Produção Industrial (%)	Taxa de Inflação (IGP-DI) (%)
1961	8,6	11,1	33,2
1962	6,6	8,1	49,4
1963	0,6	-0,2	72,8
1964	3,4	5,0	91,8
1965	2,4	-4,7	65,7

Fonte: Gremaud et al., 2011, p. 372.

Diante do período recessivo e da eminente crise, eram necessárias reformas institucionais que favorecessem a retomada dos investimentos. Após o golpe, o novo regime militar impôs, de modo autoritário, uma solução para a crise. O governo Castelo Branco lançou o Plano de Ação Econômica do Governo (Paeg), que tinha como objetivo "acelerar o ritmo de desenvolvimento econômico, conter o processo inflacionário, atenuar os desequilíbrios setoriais e regionais, aumentar o investimento e com isso o emprego e corrigir a tendência ao desequilíbrio externo" (Gremaud et al., 2011, p. 376).

É possível considerar que o Paeg obteve sucesso? Sim, pois promoveu uma reforma institucional e um esquema de financiamento para viabilizar a retomada do crescimento. Em suma, o Estado tornou-se mais intervencionista e reduziram-se as taxas de inflação. Com o Paeg, o período de 1968 a 1973 ficou marcado pelas altas taxas de crescimento do PIB brasileiro, com relativa estabilidade dos preços. Para se ter uma ideia da mudança (como exposto na Tabela 3.4), a taxa de crescimento do PIB saltou de 2,4% em 1965 para 9,8% em 1968 (Gremaud et al., 2011). "Essa *performance* foi decorrência das reformas institucionais da recessão do período anterior, que geraram uma capacidade ociosa no setor industrial e as condições necessárias para a retomada da demanda" (Gremaud et al., 2011, p. 384).

Importante!

O fim do período do "milagre econômico" trouxe à tona alguns desequilíbrios que desencadearam pressões inflacionárias e problemas na balança comercial.

Além disso, mudanças internacionais significativas ocorreram com o choque do petróleo. Segundo Camargo (2010, p. 206-207),

> o longo ciclo de expansão da economia mundial desde o final da Segunda Guerra Mundial, conhecido como "anos dourados" do capitalismo, que se caracterizou pelas elevadas taxas de crescimento econômico, apresentou um esgotamento na década de 1970. A perda de dinamismo se manifestaria pelo colapso da ordem internacional estabelecida em Bretton Woods, quando a paridade fixa ouro-dólar ruiu por conta dos déficits interno e comercial dos Estados Unidos. Adicionalmente, o movimento cíclico descendente foi impulsionado pela elevação abrupta dos preços do petróleo, em dezembro de 1973, e pelo aumento substancial das taxas nominais de juros, que afetariam especialmente os países subdesenvolvidos.

Diante desse cenário, em 1974, foi lançado o II Plano Nacional de Desenvolvimento (II PND), com o objetivo de superar os desequilíbrios setoriais por meio do avanço do processo de crescimento.

Houve, assim, a internalização da produção de equipamentos, de insumos industriais e energia. O caminho adotado levou ao endividamento externo. Camargo (2010, p. 209) esclarece que o pacote de investimentos visava abranger os seguintes setores:

- ampliação da produção interna de petróleo;
- expansão da geração de energia elétrica, tanto pela construção de hidrelétricas (Itaipu) como pela construção de usinas nucleares (Angra);
- expansão da produção de insumos industriais, como aço, petroquímicos, metais não ferrosos;
- expansão da infraestrutura, como a Ferrovia do Aço e projetos rodoviários; e
- expansão do setor de mecânica pesada, para ampliar a produção de máquinas e equipamentos.

Por fim, é possível perceber que, nesse último período, ou seja, a partir da década de 1950, o processo de industrialização consolidou-se no Brasil. Foi aí que o capitalismo monopolista ganhou destaque e espaço na economia brasileira. É preciso considerar apenas que toda a evolução foi relevante e faz parte de um processo que culminou no avanço do capitalismo no Brasil.

Síntese

Neste terceiro capítulo, voltamos nossa atenção para a análise do capitalismo no Brasil e sua consequente evolução, abarcando desde o período colonial até o Brasil agroexportador e industrial. Sobre o Brasil Colônia, destacamos que os portugueses fundaram a colonização do território brasileiro com base na exploração de artigos tropicais, como cana-de-açúcar, tabaco e outros produtos de alto valor agregado. Assim, a ocupação do território brasileiro visava atender os interesses externos, como o fornecimento de alimentos e minérios importantes.

Em seguida, abordaremos a economia escravista mercantil brasileira, que se iniciou em 1810 e foi até 1888. A nova fase começou com a vinda da família real portuguesa ao Brasil e com a abertura dos portos às "nações amigas", o que colocou fim ao comércio exclusivo com Portugal. A Inglaterra estimulou a independência de países como o Brasil, no intuito de torná-los importadores de produtos industriais e exportadores de recursos naturais. Contudo, mesmo com a independência, não houve alteração na ordem econômica, social e política instaurada no país.

Também destacamos a economia exportadora capitalista e as origens da indústria brasileira. Entre 1888 a 1933, desenvolveram-se as bases do período de transição para o capitalismo. Era o início do processo de industrialização do país. A pauta agroexportadora brasileira diversificou-se. Produtos como a borracha e o cacau passaram a ganhar relevância. Porém, o café continuou sendo o principal produto exportado até 1932, quando sucedeu-se um novo ciclo.

O período compreendido entre 1933 e 1955 ficou conhecido pela industrialização restringida. Foi marcado pelo Estado Novo e pelas políticas da Era Vargas, defensoras do setor cafeeiro, o que foi importante para a recuperação econômica brasileira a partir de 1933. Ao mudar o eixo dinâmico do setor exportador para o mercado interno, Vargas contribuiu para o desenvolvimento da indústria no país. Formava-se, finalmente, um mercado.

Por fim, tratamos do avanço do capitalismo e do processo de industrialização pesada iniciado em 1955. As políticas desenvolvidas pelo governo Juscelino Kubitschek deram base para o desenvolvimento da indústria pesada no país, consolidando o modo de produção capitalista brasileiro.

Para saber mais

ADÁGIO AO SOL. Direção: Xavier de Oliveira. Brasil. 2000. Disponível em: <https://www.youtube.com/watch?v=NpusQC08sj8>. Acesso em: 17 jun. 2019.

Adágio ao sol é um filme que retrata um triângulo amoroso que tem como cenário a crise do café brasileira, no início dos anos 1930. É um filme interessante para aprender um pouco mais sobre a crise do café e suas principais características e consequências.

FURTADO, C. **Formação econômica do Brasil**. 32. ed. São Paulo: Companhia Editora Nacional, 2005.

O livro Formação econômica do Brasil, *de Celso Furtado, é uma leitura muito interessante e enriquecedora para aqueles que buscam conhecer um pouco mais sobre o processo de industrialização e o avanço do capitalismo na economia brasileira.*

GETÚLIO. Direção: João Jardim. Brasil. 2014. 100 min.

Getúlio é um drama biográfico que retrata a intimidade de Getúlio Vargas, então presidente do Brasil, em seus últimos dias de vida. Esse é um ótimo filme para compreender as pressões políticas da época.

UM SONHO INTENSO. Direção: José Mariani. Brasil. 2012. 42 min. Disponível em: <https://www.youtube.com/watch?v=2JwOKMup2rw>. Acesso em: 17 jun. 2019.

Para saber um pouco mais sobre o período da industrialização brasileira e do complexo e contraditório nacional-desenvolvimentismo, assista ao documentário Um sonho intenso. *O diretor entrevistou importantes pensadores da economia brasileira, historiadores e sociólogos, que oferecem uma história comentada do desenvolvimento socioeconômico de 1930 até os dias atuais.*

Questões para revisão

1. A respeito do processo de industrialização brasileira, qual foi o papel desempenhado pela cultura agroexportadora cafeeira para a origem da indústria no Brasil?

2. O que foi o processo de industrialização por substituição de importação? Qual foi o benefício desse processo?

3. Sobre o período colonial brasileiro, analise as afirmativas a seguir e marque V para as verdadeiras e F para as falsas.

( ) Em 1492, os espanhóis e os portugueses ocuparam o continente americano e exploraram grandes jazidas de metais preciosos, inclusive no Brasil.
( ) Durante o período colonial, o Brasil apresentou três ciclos produtivos primário-exportadores: exploração do pau-brasil (1500-1532); exploração do açúcar de cana (1532-meados do século XVII); mineração (século XVIII).
( ) No período colonial, o Estado português tinha ideologia absolutista e, assim, todos os poderes concentravam-se nas mãos do rei por direito divino.
( ) Os Estados Unidos, por interesses bélicos, desempenhou papel relevante no processo de independência dos países latino-americanos, como o Brasil.

Agora, assinale a alternativa que apresenta a sequência correta:
a) V, V, V, F.
b) F, F, V, F.
c) F, V, F, F.
d) F, V, V, F.

4. Sobre a economia escravista mercantil brasileira, analise as afirmativas a seguir e marque V para as verdadeiras e F para as falsas.
( ) A Inglaterra estimulou a independência do Brasil com a finalidade de explorar recursos naturais e de tornar o Brasil um mercado de seus produtos industrializados.
( ) Durante o período da economia escravista mercantil, o ciclo agroexportador do café ganhou destaque, e, entre 1875 e 1880, o Brasil foi responsável por mais da metade da produção mundial de café.
( ) O Brasil, durante o período da economia escravista mercantil, contava com uma pauta agroexportadora baseada no açúcar e importava bens de consumo duráveis e maquinário da Europa.
( ) Durante esse período, havia dois partidos políticos que se alternavam no poder (o conservador e o liberal) enquanto o monarca exercia o papel moderador, e as classes mais baixas da sociedade não participavam efetivamente da política brasileira.

Agora, assinale a alternativa que apresenta a sequência correta:
a) F, V, V, V.
b) V, F, V, F.
c) V, V, F, V.
d) F, V, V, F.

5. Sobre o processo de industrialização pesada no Brasil, analise as afirmativas a seguir e marque V para as verdadeiras e F para as falsas.

( ) A indústria foi consolidada em dois momentos: primeiro, com o Plano de Metas (1956-1960) e, segundo, com o II PND, implementado na década de 1970.

( ) O Plano de Metas ("desenvolver 50 anos em 5") tinha como principal objetivo estabelecer as bases de uma economia industrial madura, estimulando, por exemplo, o aumento da produção de bens intermediários, como aço e carvão.

( ) O Plano de Ação Econômica do Governo (Paeg) promoveu, de 1968 a 1973, altas taxas de crescimento do PIB brasileiro, com relativa estabilidade dos preços.

( ) Após o período de "milagre econômico", o país viveu um momento de prosperidade econômica, apesar dos problemas de desenvolvimento social.

Agora, assinale a alternativa que apresenta a sequência correta:
a) V, V, V, F.
b) F, V, V, F.
c) F, V, V, V.
d) F, V, F, V.

Questão para reflexão

1. Leia o texto que segue e elabore uma análise crítica, relacionando o período da ditadura militar no Brasil (marcado pelo crescimento econômico) com os avanços ou retrocessos dos direitos sociais. Fundamente sua reflexão analisando crescimento *versus* desenvolvimento econômico e embase com alguns dados que demonstrem a atuação do Estado e corroborem seu posicionamento.

Milagre para uns, crescimento da economia foi retrocesso para maioria

O forte crescimento da economia do país no período conhecido como milagre econômico, ocorrido no final dos anos 1960 e início dos 1970, durante a ditadura militar, ganhou destaque graças aos índices de crescimento obtidos pelo Produto Interno Bruto (PIB). No entanto, a riqueza gerada não foi distribuída igualmente entre os setores da economia. Para aqueles que viviam de salário mínimo, por exemplo, o período representou um retrocesso. "Nos anos 60 e 70, houve uma retomada do investimento público em infraestrutura, apoio ao processo de industrialização, combinado muitas vezes com restrições ao crescimento do salário, especialmente do salário mínimo. Portanto, um contingenciamento do crescimento de base na economia, favorecendo uma formação de preços sem pressão de custo de salário", destaca o diretor do Departamento Intersindical de Estatística e Estudos Socioeconômicos (Dieese), Clemente Ganz.

Fonte: Bocchini, 2014.

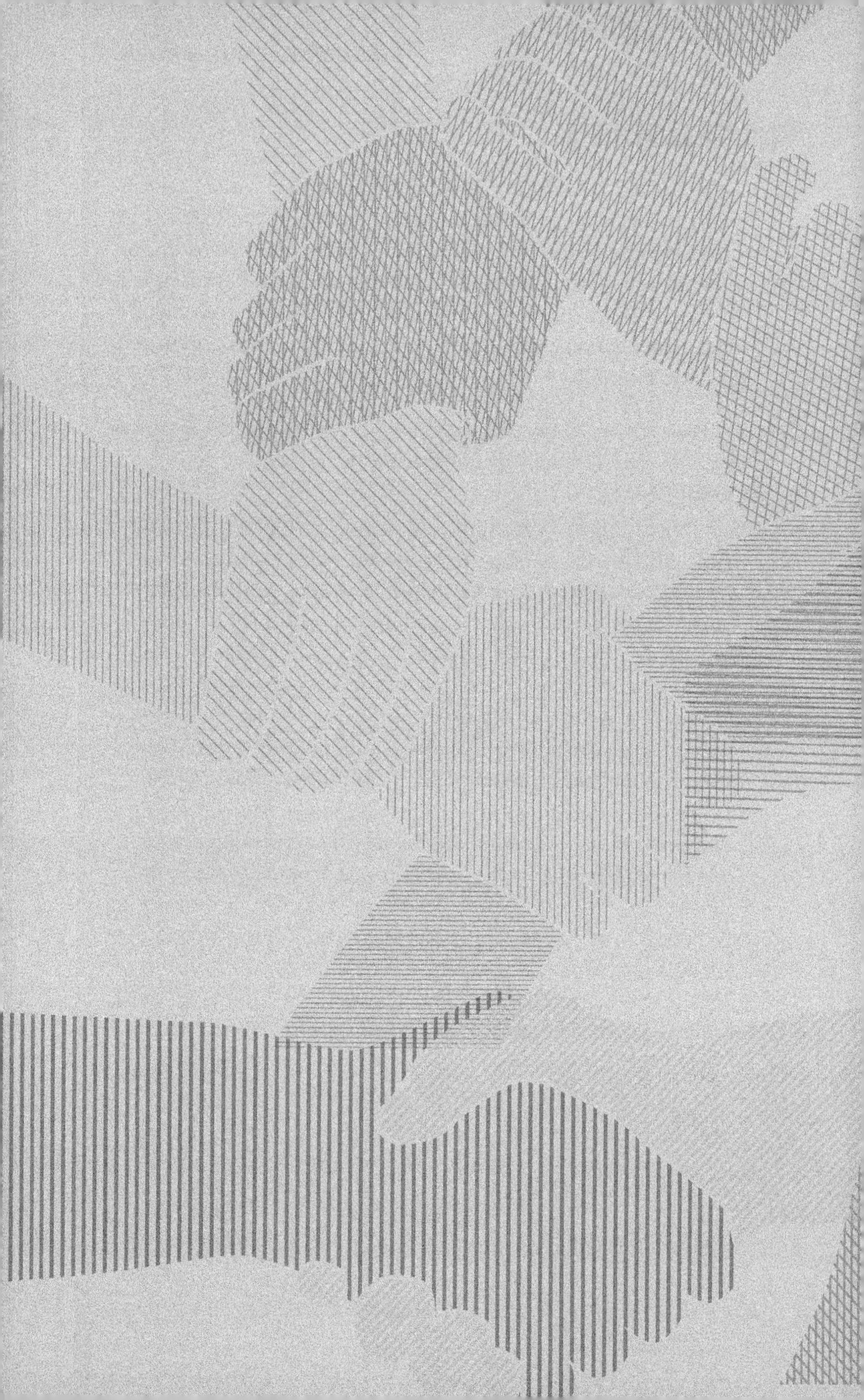

CAPÍTULO 4

Desenvolvimento capitalista no Brasil e sua relação com o serviço social na história

Conteúdos do capítulo:

- O capitalismo e o serviço social no Brasil.
- Capitalismo, serviço social e a democracia brasileira.
- Neoliberalismo e serviço social no Brasil nos anos de 1990.

Após o estudo deste capítulo, você será capaz de:

1. associar as principais características do capitalismo no Brasil ao surgimento do serviço social;
2. compreender como se desenvolveu o capitalismo e o serviço social na democracia brasileira e quais foram seus impactos para a sociedade;
3. contextualizar o neoliberalismo no Brasil e seus impactos para as políticas sociais e para o serviço social na década de 1990.

Neste capítulo, analisaremos o desenvolvimento do sistema capitalista no Brasil e do serviço social. Você já se perguntou qual a importância da compreensão do sistema capitalista para o serviço social? Pois bem, conhecer o capitalismo e as relações sociais imbricadas nesse modo de produção são essenciais para entender como o serviço social está inserido politicamente nesse contexto. Portanto, o estudo deste capítulo é fundamental para compreender a missão desta profissão.

Antes de tudo, cabe relembrar a força do capitalismo. O estabelecimento do poder capitalista não se limita apenas ao âmbito econômico das relações de produção e da divisão social do trabalho. Intensificam-se também as "forças materiais e ideologias que relacionam formas de coerção e persuasão no interior da disputa pela hegemonia na condução do desenvolvimento capitalista" (Pochmann, 2016, p. 19). Ele é um modo de produção, um sistema econômico e, ainda, um sistema ideológico de persuasão para sua aceitação e manutenção. O capitalismo produz e se reproduz na sociedade, tornando sua superação cada vez mais improvável.

A relação do serviço social com o capitalismo é intrínseca. O surgimento da profissão está diretamente ligado a esse sistema, especificamente na fase do capitalismo monopolista. Compreendemos o serviço social como uma profissão histórica, pois suas características e seu surgimento estão diretamente conectados ao contexto social, econômico, político, cultural e histórico no qual está inserido. Percebemos essa correlação, em especial, após a instauração da ordem monopolista: "enquanto profissão, o serviço social é indivorciável da ordem monopólica – ela cria e funda a profissionalidade do serviço social" (Netto, 1996, p. 70).

O capitalismo, por meio da relação entre o capital e o trabalho, aprofunda os antagonismos de classes e amplia as desigualdades sociais e econômicas. Daí surge a questão social e suas expressões, assim como a necessidade de uma profissão que ampare as vítimas dessas contradições.

Vamos, agora, começar a estabelecer as implicações entre o desenvolvimento do capitalismo e o serviço social. Para tanto, destacaremos as caraterísticas do capitalismo no Brasil, a relação entre o capitalismo e a democracia, o impacto do neoliberalismo para a sociedade e as expressões da questão social.

4.1 O capitalismo e o serviço social no Brasil

O capitalismo desenvolveu-se e difundiu-se pelo mundo de diferentes formas desde o século XV. Cada localidade evoluiu de forma diferenciada, de acordo com sua realidade e suas peculiaridades. Isso ocorre pela historicidade presente na sociedade, conforme apontado na obra de Marx (1986). Cada país apresentava um viés histórico que repercutiu em modos diversos de expansão do capitalismo em seu território.

> **Importante!**
>
> O capitalismo trouxe impactos profundos para a sociedade não apenas quanto ao modo de produção ou a questões econômicas, mas também no que se refere às relações sociais entre os indivíduos. O capitalismo ainda tem poder ideológico, que visa à produção, à manutenção e à reprodução desse sistema. É por isso que, diante de tantas crises ao longo de sua história, ele sempre se reinventa com novas roupagens que aprofundam ainda mais as desigualdades de classes.

Uma característica marcante do desenvolvimento do capitalismo no Brasil é seu descompasso com os demais países. A trajetória relatada nos capítulos anteriores deixou claro que o modelo se expandiu tardiamente por aqui.

> Há uma assincronia estrutural no processo de avanço do capitalismo industrial no Brasil, associada ao seu caráter retardatário em relação à ordem capitalista global e à profunda heterogeneidade de sua formação social [...]. Essa assincronia produz sérias perturbações econômicas e sociais que, à falta de firme determinação política para corrigi-las, produzem maior desigualdade, maior pobreza e novos desequilíbrios estruturais". (Werneck Vianna; Silva, 1989, p. 119)

As particularidades da história brasileira – processo de colonização, forma de governo, investimentos, organização etc. – imprimiram um ritmo particular ao desenvolvimento econômico. Porém, jamais o país ficou isolados do resto do mundo. As potências globais sempre estiveram muito atentas ao que se passava no Brasil, tratando de influenciar o curso de nossa história. Portugal, nosso colonizador; Inglaterra, nação mais poderosa do mundo até o início do século XX; e Estados Unidos, ex-colônia sucessora dos ingleses na dominação mundial, imprimiram políticas para que o esforço produtivo brasileiro suprisse demandas e criasse mercado para as metrópoles. Nesse processo, o bem-estar dos próprios brasileiros ficou em segundo plano.

> O Brasil passou por muitas transformações econômicas, com destaque para a passagem da economia agrário-exportadora para a economia industrial, ao longo do século XX. Mas, apesar do elevado crescimento econômico ocorrido ao longo desse período, preservou-se uma profunda desigualdade, seja entre indivíduos ou em termos regionais. As mudanças não foram acompanhadas por uma distribuição equânime dos seus benefícios. (Le Monde Diplomatique Brasil, 2010, p. 1)

Preste atenção!

O descobrimento do Brasil estava vinculado à expansão capitalista europeia, pois, nesse período, as colônias tinham um papel essencial na produção da riqueza e de capitais para a metrópole (Prado Junior, 1981; Mazzeo, 1988).

Para Caio Prado Junior (1981) e Mazzeo (1988), a marcha torpe do capitalismo brasileiro é decorrente de tensões da geopolítica global desde o seu descobrimento. Na Europa, buscava-se a expansão territorial para o capitalismo mercantil, e o Brasil foi um território conquistado por Portugal para tal finalidade expansionista, ou seja, começou sua história como estoque de terras e matéria-prima para uso da metrópole, sendo, então, um coadjuvante da aurora do capitalismo.

A classe dominante no Brasil forma-se sob tal ponto de vista, passando a aceitar e legitimar essa disparidade. Como ressalta Oliveira (2001), a elite fundadora do Brasil era, acima de tudo, proprietária das novas terras e monocultora em larga escala. O capitalismo mercantil brasileiro tinha um patrão e um dono em Portugal. Nesse contexto, é importante salientar que até a independência, em 1822, Brasil e Portugal eram uma única nação. A política da Coroa, porém, era dissecar a colônia para enriquecer a metrópole. Dessa forma,

> a produção escravista instalada na América e, portanto, no Brasil, não se constitui em um modo de produção distinto do capitalista, ao contrário, estrutura-se como um tipo específico de capitalismo. Um capitalismo da extração colonial e escravista que objetiva o mercado externo, grandes lucros e, fundamentalmente, que utiliza a mais-valia que expropria do escravo para investir na produção açucareira e agrária. (Mazzeo, 1988, p. 11)

Diante desse cenário, notamos uma situação de subalternidade da colônia a serviço do capitalismo europeu, com predomínio da produção com escravos, dos grandes latifúndios e do baixo padrão técnico-produtivo. Tal condição seria um traço marcante na história do Brasil, pois trouxe uma classe dominante subordinada econômica e culturalmente ao grande capital.

Importante!

A classe dominante brasileira construiu-se tendo como base o comércio de escravos, os grandes latifúndios, a produção agrícola e a exportação desses produtos.

Para compreender a formação da classe dominante e a lógica do capitalismo no Brasil, faz-se necessário uma breve contextualização histórica para resgatar as principais características de cada período. Além de identificar a classe dominante, veremos que tipo de ação governamental era destinada à população até o surgimento do serviço social.

4.1.1 Contextualização histórica do capitalismo no Brasil

Em meados do século XVIII, Portugal estava decadente. A colônia brasileira tornou-se o lastro da economia portuguesa na produção agrícola e de minérios, "constituindo-se no elemento basilar da economia do império português, uma metrópole bastante debilitada pela crise do sistema colonial e subordinada aos interesses do capitalismo britânico" (Mazzeo, 1988, p. 14).

No Brasil Colônia, as demandas da população eram vistas como responsabilidade única do indivíduo. Foi um período de miséria, escravidão, exploração, violência e desigualdade. Conforme Prado Junior (1981, p. 340),

> esses problemas, foram vivenciados por uma população de "vagabundos e desenraizados", utilizados como mão-de-obra servil e escrava, numa relação de exploração e dominação de negros e índios. Momento no qual o Estado e a sociedade se faziam presentes de forma muito incipiente: mediante o trabalho de cristianização da Companhia de Jesus e pela aplicação da legislação pombalina: ambas as medidas tendo como objeto a questão indígena.

O Estado não se sentia responsável pelo bem-estar dos cidadãos. A única ação existente nesse período era a Companhia de Jesus, destinada à cristianização dos índios.

A monarquia instalada no Brasil após a independência manteve como base da economia a produção agrícola, tendo como mão de obra os escravos negros. Mazzeo (1988, p. 22) explica que "a não-ruptura com a estrutura de produção escravista e exportadora confirmará a dimensão colonial da economia brasileira subordinada e dependente dos polos centrais da economia mundial".

> **Importante!**
>
> Mesmo com o processo de independência do Brasil, o país permaneceu dependente da economia estrangeira e participante do capitalismo mundial apenas como coadjuvante.

Nesse período, vale destacar alguns movimentos sociais ocorridos no Império e na República. O principal deles foi a própria independência, em 1822. Apesar de todas as limitações e contradições, iniciava-se formalmente o lento e inacabado processo de emancipação política do Brasil. Todavia, o que marcou esse processo foi a ausência de uma consciência de classe (Prado Junior, 1981). Ainda que houvesse manifestações de alguns grupos, principalmente contra a escravidão, eram sufocadas sem alcançar força política.

Com a ascensão da burguesia cafeeira, o advento do trabalho assalariado e o deslocamento dos centros de poder para o sul, teve início o processo de implementação da República no Brasil. O ato do dia 15 de novembro de 1889 foi um processo burguês, sem a participação das massas de trabalhadores. Os primeiros governos foram militares, que defendiam os interesses da burguesia cafeeira.

Sem qualquer expressão política institucionalizada, a base da pirâmide seguia desatendida, entregue à própria sorte.

> De passagem pela República de 1889, constatamos, sem dúvida, um avanço no plano político e no plano das ideias no Brasil. Contudo, ao priorizar a modernização administrativa, foram poucas as iniciativas realizadas no que diz respeito à questão social no país. Apenas algumas tentativas isoladas podem ser mencionadas, como por exemplo, as preocupações de Rui Barbosa. [...] Tratava-se ainda de uma sociedade que mantinha profundos traços da formação colonial e imperial anteriores, composta de uma massa de miseráveis marginalizados do processo político, que trouxeram, em sua bagagem, o germe da fermentação política. (Silva, 2013, p. 266)

A Proclamação da República foi um processo de ajustes, e não de ruptura. Como mencionamos no capítulo anterior, o Brasil manteve a base econômica da produção agrícola, tendo a Inglaterra como seu principal "parceiro" de negócios. Isso mostra, mais uma vez, a dependência da economia externa, que Mazzeo (1988) chama de *modelo capitalista "prussiano-colonial"*. Sobre esse processo, autor relaciona:

> A tradição prussiana da classe dominante articula, "pelo alto", o golpe de Estado que implanta o regime republicano e uma ditadura militar no país, como conclusão de um processo modernizador iniciado na segunda metade do século XIX, expressando assim o apogeu da burguesia do café. (Mazzeo, 1988, p. 26)

Nesse sentido, a burguesia cafeeira ganhou força renovada com o apoio ao golpe de Estado. Tanta conservação de poder, no entanto, criou uma válvula de escape. Mazzeo (1988) e Prado Junior (1981) afirmam que a modernização do café estimulou também a modernização do capitalismo no Brasil, expandindo a economia para a indústria, uma vez que o dinheiro produzido pelo capital cafeeiro foi utilizado para expandir o capital industrial.

Para os autores, o processo de industrialização no Brasil foi tardio e falho, já que as empresas nacionais fabricavam bens de consumo, e não bens de capital. Ao passo que o capitalismo avançou na Europa no século XVIII, o Brasil só inseriu-se ao sistema após a crise de 1929. Sobre esse contexto, Viceconti (1977, p. 35) ressalta que

> a industrialização brasileira tomou um alento decisivo somente após 1930, quando a crise mundial de 1929 impossibilitou o país de continuar operando no tradicional modelo primário exportador. Nessa fase, iniciou-se a substituição, por produção interna, de alguns produtos anteriormente importados, notadamente os bens de consumo não-duráveis.

Fomos motivados pelo desespero. A crise foi tão profunda que os Estados Unidos, maior comprador do Brasil, diminuiu o consumo do nosso produto. O país teve de buscar novas estratégias para reaquecer a economia.

> A crise gerada pelo final da Segunda Guerra Mundial forja "as forças e fatores renovadores que desvendam largas perspectivas, para a reestruturação da economia brasileira" A reestruturação trata de apressar o processo de transformação, realizando a reforma estrutural necessária à economia brasileira, transformação inserida na nova realidade internacional, o país entra no sistema capitalista. (Prado Junior, 1981, p. 342)

Segundo, Mazzeo (1988) e Prado Junior (1981), o crescimento da indústria brasileira aconteceu de forma subordinada à economia cafeeira. Atender à grande demanda internacional implicava investimentos em infraestrutura. Além disso, o comércio exterior estimulou a instalação de bancos de grande porte. Portanto, havia uma submissão da burguesia industrial à burguesia cafeeira. Nessa perspectiva, os autores apontam que o processo de industrialização brasileira, além de ter uma assincronia com o mercado mundial, nasceu dependente do mercado externo e, ainda, subalterno à burguesia cafeeira.

A dependência do mercado externo tornou-se gritante nos primeiros anos do século XX, quando a entrada do capital estrangeiro expandia-se em velocidade acelerada. A fase ficou conhecida como *imperialismo*. O capital trazia consigo o investimento produtivo. O país abria-se para a instalação de indústrias internacionais, subsidiárias de grandes indústrias europeias.

A emergente burguesia industrial, então, patrocinou um golpe de Estado contra os interesses da elite cafeeira – mais um em nossa longa história de rupturas institucionais. Dessa forma, a **Revolução de 30** inaugurava uma etapa na economia e no desenvolvimento do capitalismo brasileiro, reforçando a subserviência aos grandes centros.

> A produção industrial cresceu em cerca de 50% entre 1929 e 1937 e a produção primária para o mercado interno cresceu em mais de 40%, no mesmo período. Dessa forma, não obstante à depressão imposta de fora, a renda nacional aumentou em 20% entre aqueles anos, o que representou instrumento per capita de 7%. (Furtado, 1998, p. 200-201)

Nesse sentido, a Revolução de 1930 revela o posicionamento do governo Vargas em dois sentidos paralelos: de um lado, o investimento na burguesia industrial e no desenvolvimento da indústria brasileira; de outro, diante da crise de 1929, ainda houve investimento do governo na economia cafeeira para a compra e destruição do produto. Assim, notamos, nesse período, características de uma fase de transição de uma economia agrário-exportadora para a urbano-industrial.

> **Preste atenção!**
>
> A década de 1930 marcou a história do país como um período de mudanças na base econômica diante da crise de 1929, que adensou a industrialização no Brasil.

Para Mazzeo (1988), além da ascendência de uma nova burguesia, houve também o aparecimento de um novo proletariado. A mudança de perfil produtivo criou novas relações de trabalho, que demandavam a implantação de todo um corpo legislativo para harmonizar os anseios da burguesia e do proletariado. Atento aos sinais, Vargas implantou a Consolidação das Leis do Trabalho (CLT). Seria uma de suas marcas registradas. Ainda hoje é lembrado por ela: o epíteto de "pai dos pobres" jamais o abandonaria.

4.1.2 A chegada do serviço social ao Brasil

Esse é o contexto no qual o Brasil teve o primeiro contato com o serviço social. A nova ordem produtiva geraria, como subproduto, questões sociais que exigiriam uma interferência imediata. "Como as demais mudanças anteriores, essas também foram permeadas por crises, problemas econômicos, políticos e sociais, não obstante, depararam com novos sujeitos e condições objetivas para fazer da questão social o centro de preocupações do Estado e da sociedade" (Silva, 2013, p. 268).

> **Importante!**
>
> As primeiras escolas de serviço social no Brasil surgiram em razão de uma demanda do Estado para atendimento das expressões da questão social no capitalismo monopolista.

> Quanto à origem do serviço social no Brasil, apreendemos a centralidade da Igreja Católica e do Estado nas ações sociais enquanto base confessional-conservadora de atuação das pioneiras e durante o processo de institucionalização da profissão. As primeiras escolas de serviço social foram criadas em São Paulo e Rio de Janeiro nos anos de 1936 e 1937, em pleno Estado Novo, processo que se deu em meio à nova ordem social, na qual a classe operária assumiu um papel fundamental na luta pelos direitos trabalhistas e por melhores condições de vida, portanto, contra a ausência de um sistema de proteção social no país. (Silva, 2013, p. 268)

O primeiro movimento de assistência no Brasil foi caritário, promovido pela Igreja Católica em sua doutrina de ação social. Nascia, portanto, ligado a uma base conservadora e religiosa, sem dimensão política. Nesse sentido,

> o serviço social surgiu justamente como resultante da complexidade da ordem social burguesa madura e consolidada, atuando de forma individualista e fragmentada, resultado do tratamento residual dado à questão social, em que os conflitos de classe não se traduziam em problemas a serem enfrentados. Não era objeto da ação profissional trabalhar a questão da consciência social, mas apenas disseminar a ideia de um projeto desenvolvimentista; a ideia de educar o cidadão para integrá-lo à promessa de desenvolvimento e progresso. (Silva, 2013, p. 268)

O governo de Getúlio Vargas formalizou o serviço social. O profissional tornou-se funcionário do Estado, destacado para atuar em meio aos trabalhadores, dirimindo problemas sociais.

Getúlio Vargas foi destituído em 1945, após o fim da Segunda Guerra, mas retornaria como presidente eleito em 1950. Sua campanha apresentou um forte projeto nacionalista de economia. A burguesia, entretanto, tinha interesse em negociar com os Estados

Unidos e seus grandes monopólios. Com o discurso de auxiliar o crescimento da economia brasileira, aquele país foi esticando seus tentáculos em direção ao sul do continente. Temos, assim, a chegada tardia do capitalismo monopolista ao Brasil. "A estrutura básica do capitalismo brasileiro está constituída pela empresa estatal, pela empresa estrangeira e pela empresa nacional. Essas empresas tiveram o início de seu desenvolvimento nos anos 1930 e consolidaram-se entre 1950 e 1970" (Lima, 2009, p. 21).

> Em 1951, quando se iniciou o governo Vargas, a sociedade brasileira já se encontrava diferenciada, devido ao crescimento do setor industrial, à expansão do setor terciário e ao rápido crescimento dos centros urbanos dominantes (Rio de Janeiro, São Paulo, Porto Alegre, Recife, Belo Horizonte, Salvador e alguns outros). À medida que progredia a divisão social do trabalho e a diferenciação social interna da sociedade brasileira, as classes sociais tornavam-se mais configuradas e representativas. Nessa época, a burguesia industrial e o proletariado, por exemplo, já eram uma realidade política e cultural, ao lado da classe média, bastante ampliada, e dos setores agrário, comercial e financeiro da burguesia. (Ianni, 1986, p. 120)

No capitalismo monopolista, evidencia-se no país uma nova configuração de classes, separando burguesia industrial e proletariado. O debate sobre o papel do Estado foi sendo ampliado e modificado. Os problemas e as políticas sociais[1] ganhavam notoriedade e preponderância.

A expansão das indústrias transnacionais no Brasil foi, em grande parte, custeada por investimentos públicos, por meio do Plano de Metas de Juscelino Kubitschek.

> O processo de industrialização ganhou novo impulso de desenvolvimento a partir da implementação do "Plano de Metas". Em 1956, com a posse de Juscelino Kubitschek de Oliveira, como presidente da república, iniciou-se uma fase importante na história da economia brasileira, considerando as profundas transformações realizadas no sistema econômico do país. (Lima, 2009, p. 33)

---

1 Abordaremos esse tema em profundidade no próximo capítulo.

Dessa forma, o processo de industrialização iniciado no governo de Getúlio Vargas seria aprofundado ainda mais no governo de Juscelino, com o incentivo às industrias transnacionais.

A política econômica do governo Kubitschek foi organizada pelo Plano de Metas, que "visava transformar a estrutura econômica do país, pela criação da indústria de base e a reformulação das condições reais de interdependência com o capitalismo mundial" (Ianni, 1986, p. 160).

Assim, os anos 1930 a 1960 representam um período assinalado por profundas transformações econômicas. A expansão da industrialização imprimiu sua marca na sociedade e na organização política, econômica e social do país. Com o avanço do capitalismo monopolista no Brasil, estabelecia-se uma nova organização de classes entre burguesia e proletariado, responsável por aprofundar ainda mais as desigualdades sociais.

> **Preste atenção!**
>
> No período entre 1930 e 1960, o serviço social continuou pautando-se no atendimento conservador e acrítico das demandas dos trabalhadores, e sua identidade profissional não assumiu uma dimensão política.

Alguns autores, como Lima (2009) e Ianni (1986), afirmam que o pujante desenvolvimento econômico do país no período não o emancipou economicamente do mercado externo.

> A partir do desenvolvimento industrial ocorrido no país e do significativo crescimento econômico alcançado, o Brasil iniciou a década de 1960 com um perfil industrial de economia madura. Entretanto, os modelos de desenvolvimento adotados durante o período de 1930-1960 não determinaram um processo de emancipação econômica, ou seja, a passagem para a fase do desenvolvimento econômico autossustentado. O que se verificou foi grande expansão e diversificação da estrutura industrial apoiada na ampliação das relações e estruturas de dependência do capital internacional, totalmente ausente de compromisso com distribuição da riqueza interna produzida

no conjunto da sociedade em geral. Sob essas condições, no Brasil desenvolveu-se o modo capitalista de produção como subsistema do sistema capitalista mundial, expressando assim um crescimento econômico pautado no processo de dependência das economias avançadas. (Lima, 2009, p. 35-36)

Importante!

Apesar de ocorrer o desenvolvimento econômico, com a modernização e a industrialização do Brasil, tal processo aconteceu de forma subalterna ao mercado externo. Isso ainda acarretou o aprofundamento da divisão social do trabalho e a diferenciação social interna da sociedade brasileira. Portanto, houve o aumento das desigualdades, o que expôs as contradições sociais, econômicas e políticas.

A partir dos anos 1960, houve uma forte crise, tanto política quanto econômica, desencadeada pelo tipo de desenvolvimento econômico ocorrido no Brasil nas décadas anteriores. "Os anos de 1961-1964 caracterizaram-se pela diminuição das taxas de crescimento da economia e pelo aumento da taxa de inflação, marcando o fim de uma das fases de desenvolvimento industrial" (Lima, 2009, p. 36).

Assim, o contexto social entre 1961 e 1964 apresentou uma realidade de crise e de contradição entre as classes sociais, revelando-se um momento propício para o golpe militar de 1964.

> O movimento militar representou uma oposição muito generalizada ao governo de João Goulart e adquiriu feição militante contrarrevolucionária. Os anos de 1964-1984 sinalizaram uma nova fase marcada pelo autoritarismo político e por oscilações na área econômica. [...] os governantes adotaram diretrizes econômicas semelhantes que se caracterizaram pela interferência estatal em todos os setores da economia nacional. O governo reelaborou as condições de funcionamento dos mercados de capital e força de trabalho como fatores essenciais do processo econômico e segundo exigências da reprodução capitalista. A política econômica governamental

do período militar estava centrada na expansão da empresa privada: nacional e estrangeira. As oscilações econômicas podem ser interpretadas tanto pelas variações cíclicas de uma economia industrial madura como pelos condicionantes externos, decorrentes da economia mundial. (Lima, 2009, p. 36-37)

O período de ditadura militar, de 1964 a 1985, foi marcado pelo autoritarismo político de governos militares, exercidos de forma centralizadora e sem participação da população, bem como pelo crescimento econômico.

Foi nesse cenário ditatorial que o serviço social estabeleceu um debate sobre sua identidade profissional, seu papel na sociedade capitalista, os antagonismos de classe etc. Essa reflexão sobre a atuação profissional foi denominada de **Movimento de Reconceituação**.

Preste atenção!

O Movimento de Reconceituação do serviço social, iniciado na década de 1960, representou uma tomada de consciência crítica e política dos assistentes sociais em toda a América Latina (Piana, 2009, p. 95). Foi um espaço no qual se ampliou a discussão sobre uma possível direção política da profissão.

Com o advento desse movimento, o serviço social adotou o referencial marxiano, que oferecia condições de analisar a sociedade capitalista e seus meandros de contradições e classes antagônicas (proletário *versus* burguesia). Diante de antagonismos, o serviço social teve de optar por um lado: a defesa da classe trabalhadora.

> A partir de segunda metade da década de 1980, já se tratava de um serviço social renovado, politicamente engajado e teoricamente qualificado. Foi com esse serviço social que dialogamos na fase final da nossa tese, fazendo a interlocução com alguns intelectuais dentro e fora do serviço social que portam diferentes referências histórico-conceituais na contemporaneidade da questão social. (Silva, 2013, p. 272)

Foi assim que o serviço social inaugurou uma nova fase profissional, visando ao rompimento com o conservadorismo. Agora, com a definição de uma dimensão política, espera-se que um assistente social conheça a realidade do atendido, de modo a prestar um serviço de qualidade e vinculado à defesa dos direitos básicos.

Os anos 1980 foram marcados pelo declínio do modelo de desenvolvimento econômico do regime militar. O Estado reduziu suas intervenções na economia. "Depois de aproximadamente cinquenta anos de adoção de políticas governamentais para o desenvolvimento, expressando o caráter intervencionista e protecionista do Estado, o processo de industrialização chegava ao estágio final" (Lima, 2009, p. 45).

Em razão desse contexto, os anos 1980 ficaram conhecidos como a *década perdida*. Tomada por uma longa crise, crescia a insatisfação popular contra a política ditatorial do governo militar. O movimento sindical e popular, iniciado na segunda metade da década anterior, avançava.

> Durante esses anos, houve fortalecimento de vários movimentos políticos de massas populares buscando liberdade e democracia. Muitas categorias de trabalhadores se encontravam em processo de organização e mobilização apontando para uma real mudança social. Nesse período, também houve maior participação e ampliação de partidos políticos da oposição, conciliando às forças populares e pressionando o governo como alternativa de poder. (Lima, 2009, p. 45)

O país, então, experienciou uma nova mudança política, econômica e social a partir do final dos anos 1980 e início dos anos 1990. Com o fim da ditadura militar e o começo do processo de democratização, o Brasil deu à luz uma Constituição Federal em 1988. O texto trouxe muitos avanços na área das políticas sociais, que passaram a ser direitos do cidadãos e dever do Estado (Brasil, 1988). Na década de 1990, o Brasil experimentou uma nova guinada político-econômica com o avanço dos ideais neoliberais, que também viriam a impactar na sociedade brasileira. A relação do capitalismo com a democracia e, posteriormente, com o neoliberalismo serão abordadas nas próximas seções deste capítulo.

Até aqui, foi possível compreender algumas características do desenvolvimento capitalista no Brasil, suas particularidades, suas discrepâncias e a assincronia com o capitalismo mundial. Tais peculiaridades brasileiras imprimiram uma roupagem de capitalismo monopolista tardio ao país, com impactos diretos para as relações sociais, para a questão social e, consequentemente, para o serviço social.

4.2 Capitalismo, serviço social e democracia brasileira

Nesta seção, abordaremos as características do capitalismo e do serviço social no contexto democrático do Brasil, com ênfase às mudanças ocorridas na década de 1980, após o término da ditadura militar e a promulgação da Constituição Federal.

Embora chamados de *década perdida*, os anos 1980, para o Brasil, apresentaram transformações na organização da sociedade, da política, da economia e do Estado. Logo, trata-se de mudanças que também afetaram diretamente o capitalismo brasileiro.

> O final da década de 1980 foi um período de mudanças no desenvolvimento do capitalismo, que passa de um governo ditatorial para um governo democrático. A partir de 1988, opera-se no Brasil uma verdadeira revolução institucional resultante de lutas sociais e populares que se desenvolveram desde a década de 1970. Alguns temas-chave, entre inúmeros outros, a sintetizam: descentralização (sobretudo das políticas públicas), implicando um novo pacto federativo, donde se destacam os municípios como entes federativos; participação popular (canalizada pelos conselhos gestores e também por mecanismos de participação direta); e ascensão da cidadania em perspectiva universal (direitos coletivos, legitimação para punir crimes inafiançáveis contra grupos sociais específicos, códigos para segmentos vulneráveis da sociedade brasileira, e de direitos do consumidor). (Fonseca, 2007, p. 246)

> **Importante!**
>
> Notam-se muitos avanços para o Brasil no período pós-ditadura, traduzidos pelo fortalecimento da democracia, pela participação popular, pela descentralização, pelos direitos sociais e pela ampliação do papel do Estado mediante políticas sociais. Foi um momento crucial para mudanças institucionais no país, que vinha de um histórico de ausência desses fatores.

A nova Constituição apresentou

> proposições de descentralização, maior transparência e responsabilidade dos processos decisórios, acompanhados do reforço da participação social. Nessa direção, algumas medidas de política econômica e social foram implantadas pelo governo, entre 1985 e 1988, mas foi, sobretudo em 1988, buscando responder as reivindicações postas pela sociedade civil organizada, que essas ações adquiriram concretas intenções de expansão da cobertura dos programas e efetivação da universalidade no acesso às políticas, sistematicamente propostas e registradas no texto constitucional de 1988. (Santana; Serrano; Pereira, 2013, p. 3)

Vale ressaltar que tais mudanças impactaram diretamente na realidade da sociedade. Após um longo período de ditadura, o país trouxe à tona um debate inédito sobre democracia, participação e legalidade. O cidadão passou a compreender-se como ente titular de direitos e a cobrar do Estado o cumprimento do dever.

Por isso, a promulgação da Carta Constitucional foi tão representativa para o Brasil. Contudo, ela só foi possível a partir das mobilizações dos movimentos sociais no período de redemocratização. A "Constituição Cidadã" não foi uma benesse oferecida caridosamente pelo Estado, mas uma conquista após muita luta coletiva. A atual Constituição brasileira

> nasceu para traduzir uma espécie de novo pacto institucional para a democracia. Nesse sentido, além de documento jurídico, ela incorpora a promessa da construção e manutenção de uma democracia sustentável após um período longo de tempo em que o Brasil foi marcado mais por governos de exceção que por governos democráticos. Além

disso, a democracia prometida institucionalmente pela Constituição de 1988 não diz respeito apenas ao regime de governo, aos direitos de participação política, mas também a direitos de inclusão social: é, portanto, uma democracia social marcada pela garantia de direitos sociais próprios a um Estado [...]que tem objetivos declarados de transformação social, redução de desigualdades de renda e de oportunidades, e também de desigualdades regionais. (Verissimo, 2008, p. 408)

> **Curiosidade**
>
> Você sabia que a nossa Constituição foi apelidada de *Constituição Cidadã* por Ulysses Guimarães, o então presidente da Assembleia Nacional Constituinte? Durante o discurso no dia da promulgação, Guimarães disse: "Declaro promulgada. O documento da liberdade, da dignidade, da democracia, da justiça social do Brasil. Que Deus nos ajude para que isso se cumpra!" (Brasil, 2008).
>
> "Espero o dia da promulgação como um pai espera o nascimento de um filho... com a mesma ansiedade, com o mesmo desejo."
>
> Fonte: Câmara dos Deputados, 2013.

Depois de um longo período marcado por autoritarismos e exclusão da população nos processos, o Brasil refunda sua República, visando sobrepujar o passado antidemocrático. É interessante notar que

> o avanço da democracia deu-se em várias frentes, num movimento que procurou suplantar o passado escravista, elitista e autoritário da formação social brasileira. Novos direitos civis, políticos e sociais foram então incorporados à Constituição. Especificamente quanto ao sistema político, em que a participação política é central." (Fonseca, 2007, p. 247)

A década de 1980 foi simbólica para a história contemporânea do Brasil. Porém, o avanço da democracia impulsionado pela mobilização popular, que encontra na Constituição Federal a sua síntese, não representou um rompimento completo com práticas antigas. Ainda assim, ampliou a participação popular no processo político. O país avançou institucionalmente, mas ainda manteve resquícios de seu passado conservador.

> Esse contexto histórico da redemocratização brasileira – iniciada em 1985, com a chamada 'Nova República', tendo culminado com a elaboração da Constituição em 1988 e com o retorno das eleições presidenciais diretas, em 1989 –, representou enorme ampliação de direitos. Tal ampliação, contudo, vem sendo contrastada pelo advento da terceira revolução industrial e da hegemonia das ideias liberalizantes: ambos esses movimentos sintetizam o capitalismo contemporâneo e incidem em forte perda de direitos, como veremos. (Fonseca, 2007, p. 246)

Os avanços trazidos pela Constituição Federal foram inegáveis, a começar pela experiência democrática após 20 anos de ditadura. Draibe (2005, p. 7) ainda apresenta como pontos positivos da Carta Constitucional "a ampliação e extensão dos direitos sociais; a concepção de seguridade social como forma mais abrangente de proteção; [...] maior comprometimento do Estado com o sistema, projetando um maior grau de provisão estatal pública de bens e serviços sociais".

O serviço social desenvolve-se para ser o executor dos direitos sociais, sendo a ação visível dos novos deveres do Estado. Isso demandou a ampliação dos quadros profissionais, que admitem servidores com clareza do perfil de atuação e consciência de missão. A Constituição de 1988, por sua vez, garantiu em lei o atendimento a diversas demandas do serviço social, mas continuou exigindo um posicionamento político do assistente social vinculado à classe trabalhadora e à defesa de seus direitos. As mudanças também beneficiaram o desenvolvimento do capitalismo brasileiro, que necessitava de um aparato estatal e de uma legislação moderna e organizada para atender a seus interesses. Assim, a Carta Constitucional também apresenta artigos diretamente voltados à economia capitalista, tais como os que regulam a propriedade e a livre iniciativa:

> Art. 5º. Todos são iguais perante a lei, sem distinção de qualquer natureza, garantindo-se aos brasileiros, e aos estrangeiros residentes no País a inviolabilidade do direito à vida, à liberdade, à igualdade, à segurança e a propriedade
>
> [...]
>
> Art. 170. A ordem econômica, fundada na valorização do trabalho humano, na livre iniciativa, tem por fim assegurar a todos existência digna, conforme os ditames da justiça social, observando-se os seguintes princípios:
>
> [...] II – propriedade privada. (Brasil, 1988)

Perceba que a legislação organiza e garante o direito à propriedade privada e à livre iniciativa a todos os brasileiros. De forma paralela, esses princípios suprem as demandas capitalistas, uma vez que o trabalhador é proprietário apenas de sua mão de obra, ao passo que o possuidor do capital, da propriedade e da livre iniciativa é o capitalista.

Importante!

Há uma dualidade na Constituição Federal. Ao mesmo tempo que ela traz aspectos positivos para a população, como a ampliação de direitos, a participação popular e as políticas sociais; também conta com elementos cruciais para o desenvolvimento do capitalismo no Brasil, por meio do estímulo à livre iniciativa, à defesa da propriedade privada e à descentralização das responsabilidades estatais.

> Portanto, ao lado de avanços institucionais referentes à democratização do sistema político, que passou a incorporar as organizações da sociedade politicamente organizada, a garantir direitos coletivos e a tornar participativa a democracia representativa [...]. Mas, paralelamente a esse movimento emancipador, alocado na superestrutura jurídico/política, a estrutura econômica do capitalismo contemporâneo atuava e atua cada vez mais no sentido inverso, isto é, volta-se à precarização e informalização das relações de trabalho, no contexto de robustas transformações na maneira de produzir. Afinal, o capitalismo 'flexível', que discutiremos abaixo, necessita cada vez mais de menos trabalhadores, em todos os setores da economia, para auferir lucros crescentes. (Fonseca, 2007, p. 248)

Essa dualidade do texto constitucional não foi equilibrada, e a atenção de qualidade comprometida com a classe trabalhadora não se sustentou por muito tempo. Logo após a promulgação da Constituição, em 1988, vieram alguns sinais do desinteresse do capital em manter os direitos e as políticas sociais estabelecidas na legislação. Diante disso, assumiu-se um discurso de crise econômica e reforma do Estado, no qual se afirmou que a Administração Pública não seria capaz de atender a todas as demandas previstas na lei. Tal discurso ampliou-se no contexto do neoliberalismo (que será abordado na próxima seção deste capítulo). Foi aí que entraram em cena outros atores, como o mercado e o terceiro setor.

Curiosidade

Você sabia que a Constituição de 1988 foi promulgada em 5 de outubro de 1988? O texto foi elaborado por 558 pessoas. Originalmente, havia 245 artigos e 1627 dispositivos constitucionais, dos quais 367 exigiam regulamentação. "Ao completar 20 anos, em 2008, ela tinha recebido 62 emendas, 492 alterações no texto e 934 novos dispositivos. É uma das maiores Constituições do mundo, perdendo em número de artigos apenas para Portugal (296), Venezuela (350) e Índia (395)" (O Guia dos Curiosos, 2019).

Após a promulgação da Carta Constitucional, foi possível notar o desmonte e o desrespeito à legislação no que tange à proteção social. Conforme Vieira (1997, p. 14), o Brasil tem uma "política social sem direitos sociais". Isso porque, mesmo com a existência da Constituição Federal e das leis complementares posteriores, tais como o Estatuto da Criança e do Adolescente, a Lei Orgânica da Assistência Social e a Lei Orgânica da Saúde, o Brasil se viu diante do desafio de colocar em prática o que estava previsto em sua legislação.

> O desrespeito às leis complementares da Constituição tem sido a tônica de vários governos, consequentemente temos o descaso com a população trabalhadora e assim as políticas sociais continuam assistencialistas e mantêm a população pobre, grande parte miserável, excluída do direito à cidadania, dependente dos benefícios públicos, desmobilizando, cooptando e controlando os movimentos sociais. O que se pode constatar diante do exposto, é que a efetivação de políticas sociais (públicas ou privadas) reflete a realidade marcante de um país dependente e está condicionada ao modelo neoliberal, que prevê que cada indivíduo garanta seu bem-estar em vez da garantia do Estado de direito. (Piana, 2009, p. 39)

Nesse contexto, o capitalismo brasileiro percebeu, na construção da nova Constituição, brechas para ampliar a proteção de suas atividades, ao mesmo tempo que ofereceu políticas sociais como forma de conquistar o aceite da população. Com a Nova República já em movimento, o capital apresentou o discurso da crise econômica para efetivar o desmonte das políticas sociais, a redução do Estado e a ampliação do mercado.

Esclarecemos que o debate aqui proposto visa apresentar a dualidade da Constituição brasileira, assim como expor a utilização da democracia para o desenvolvimento do capitalismo. Nosso objetivo não é o de desqualificar as legislações e seus avanços, mas apontar a manipulação que sofrem pelo capital. Podemos citar Piana (2009, p. 40), quando afirma "que os avanços da legislação não podem negar seus limites. O fundamento das desigualdades sociais está alicerçado na forma de produção da riqueza que, na sociedade capitalista, se sustenta sobre a propriedade privada dos meios de produção e nas contradições de classe".

> **Importante!**
>
> Ao discutir o desenvolvimento capitalista, é preciso compreender que se trata de um sistema embasado na divisão e na contradição de classes e na desigualdade. Logo, tal sistema utiliza-se dos meios existentes, como a própria democracia, para atender aos seus interesses.

Um grande fator agravante, conforme alertado por Piana (2009), foi a adesão ao modelo neoliberal na década de 1990. No Brasil, isso trouxe consequências profundas. Conhecer a realidade sobre o desenvolvimento do capitalismo no contexto democrático é fundamental para que o serviço social compreenda as relações sociais, o papel do Estado, as políticas sociais implementadas no Brasil e suas implicações para a profissão.

Ressaltamos que o desenvolvimento do capitalismo no contexto de democracia apresentou uma dualidade de interesses entre capitalistas e trabalhadores. Embora a democracia tenha ensejado avanços profundos para a população, simultaneamente, foi manipulada para o atendimento das demandas e dos interesses do capital.

4.3 O neoliberalismo e o serviço social no Brasil nos anos 1990

Para compreender o capitalismo no contexto neoliberal no Brasil, é necessário tratar, brevemente, da definição de *neoliberalismo*, como ele surgiu e como foi sua adesão no Brasil.

O capitalismo, segundo proposto por Marx (1985) e defendido por Mandel (1982), apresenta ciclos de expansão e estagnação, o que é visível ao analisar a história econômica do mundo. Como não existem tendências de equilíbrio, o desenvolvimento ocorre de forma desigual e combinada. Exemplos disso foram a expansão do capitalismo nos anos de ouro pós-1945 e os sinais de seu esgotamento em fins dos anos 1960.

Essa inflexão da fase expansiva do capitalismo, inclusive, foi uma crise clássica de superprodução, como caracteriza Behring e Boschetti (2007). Ela se intensificou em razão do agravamento do problema do desemprego após a introdução de tecnologia de produção. Ao poupar mão de obra, a indústria reduziu o próprio mercado consumidor. Além disso, a alta dos preços das matérias-primas, a queda do volume mundial, o endividamento público, a superacumulação e o crescimento baixo com inflação alta levaram a economia à estagnação.

Justamente essa estagnação deu origem a uma nova condição para a implementação das políticas sociais. Com a crise, caiu por terra o discurso de que a instabilidade do capital seria solucionada e controlada por meio de medidas keynesianas[2]. O período pós-1970 assinalou o avanço dos ideais neoliberais, os quais criticavam o Estado Social e o *Welfare State*[3], que passaram a serem vistos como empecilhos para o desenvolvimento do capital.

> O remédio, então, era claro: manter um Estado forte, sim, em sua capacidade de romper o poder dos sindicatos e no controle do dinheiro, mas parco em todos os gastos sociais e nas intervenções econômicas. A estabilidade monetária deveria ser a meta suprema de qualquer governo. Para isso seria necessária uma disciplina orçamentária, com a contenção dos gastos com bem-estar, e a restauração da taxa "natural" de desemprego, ou seja, a criação de um exército de reserva de trabalho para quebrar os sindicatos. Ademais, reformas fiscais eram

---

2 A partir de 1930 porém, com a Grande Depressão, o pensamento teórico de Keynes ganhou destaque com a proposição de que o mercado não teria a possibilidade, por si só, de atingir níveis de pleno emprego. De acordo com Keynes, o Estado deveria agir ativamente na economia, com o intuito de favorecer a atuação do setor privado em prol de um maior crescimento econômico (Garcia, 2010).

3 O termo *Welfare State* (Estado de bem-estar social), como conhecemos hoje, é uma expressão de tradição anglo-saxônica utilizada para designar as políticas sociais instituídas para garantir o "mínimo" de proteção contra velhice, invalidez, problemas de saúde, desemprego e outros problemas relacionados à insuficiência de renda (Alves, 2015).

imprescindíveis, para incentivar os agentes econômicos. Em outras palavras, isso significava reduções de impostos sobre os rendimentos mais altos e sobre as rendas. (Anderson, 1995, p. 2)

Para os neoliberais, a proteção social, garantida pelo Estado Social por meio de políticas redistributivas, é perniciosa para o desenvolvimento econômico, pois aumenta o consumo e diminui a poupança da população (Navarro, 1998).

Anderson (1995) entende que o neoliberalismo foi a reação teórica ao Estado intervencionista e de bem-estar. Nesse sentido, a ideologia neoliberal teve como base o texto produzido por Friedrich Hayek, *O caminho da servidão*, publicado em 1944. O objetivo principal era combater o *keynesianismo* e o solidarismo reinantes e preparar bases para outro tipo de capitalismo, duro e livre de regras para o futuro.

Os princípios básicos propostos por Hayek e, posteriormente, idealizados pelo economista Milton Friedman (1985, p. 98) na década de 1970 são:

- mínima participação estatal nos rumos da economia de um país;
- pouca intervenção do governo no mercado de trabalho;
- política de privatização de empresas estatais;
- livre circulação de capitais internacionais e ênfase na globalização;
- abertura da economia para a entrada de multinacionais;
- adoção de medidas contra o protecionismo econômico;
- desburocratização do estado: leis e regras econômicas mais simplificadas para facilitar o funcionamento das atividades econômicas;
- diminuição do tamanho do estado, tornando-o mais eficiente;
- posição contrária aos impostos e tributos excessivos;
- aumento da produção, como objetivo básico para atingir o desenvolvimento econômico;
- contra o controle de preços dos produtos e serviços por parte do estado, ou seja,
- a lei da oferta e demanda é suficiente para regular os preços;
- a base da economia deve ser formada por empresas privadas;
- defesa dos princípios econômicos do capitalismo.

Dessa forma, segundo Rocha e Faquin (2006), liberdade, flexibilização, ajuste fiscal, reformas, privatização e abertura econômica são conceitos atualmente ligados às políticas de desenvolvimento econômico. Esses termos estão presentes em discursos e ações desenvolvidas mundialmente, demonstrando o receituário neoliberal.

A proposta neoliberal era que o Estado detivesse poder total sobre a economia, sendo forte para romper com a força dos sindicatos e das manifestações populares, além de cortar os gastos sociais para a obtenção da estabilidade monetária (Friedman, 1985).

Importante!

A reestruturação produtiva, as mudanças na organização do trabalho e a hegemonia neoliberal têm provocado relevantes reconfigurações nas políticas sociais, caminhando na direção de políticas restritivas, seletistas, focalistas e privatistas.

Soares (2009) aponta que, nesse período, as políticas sociais eram representadas por programas de caráter emergencial, restritivos, contando com a solidariedade comunitária e tendo como resultado políticas insuficientes e ineficientes.

Segundo Draibe (1993), houve o desenvolvimento de uma política residual que solucionava apenas o que não podia ser enfrentado pela via do mercado, da comunidade e da família. O carro-chefe dessa proposição é a renda mínima, combinada à solidariedade por meio das organizações na sociedade civil, vinda da terceirização de serviços.

Seguindo a tendência mundial, o Brasil adotou o receituário neoliberal, mas apenas tardiamente, durante o governo de Fernando Collor de Mello. Esses anos foram marcados por transformações econômicas e políticas que alteraram as formas de organização da reprodução social dos trabalhadores e suas famílias.

> O início da década de 1990, o Brasil passou a seguir o receituário neoliberal, promovendo a inserção da economia numa ordem globalizada, a privatização do Estado, a redução dos gastos sociais,

desenvolvendo, em suma, políticas econômicas com impactos negativos sobre as condições estruturais da produção e do mercado de trabalho. (Sales; Matos; Leal, 2004, p. 67)

Segundo Singly (2007), entre os impactos negativos, podemos destacar a crise econômica, a flexibilização do mercado, o aumento do desemprego, a desqualificação da força de trabalho, a precarização das relações e condições de trabalho, as privatizações, as terceirizações etc.

Quanto à sociedade brasileira, as consequências negativas das políticas neoliberais implicaram propostas de ações entre as organizações da sociedade civil e as organizações de mercado.

> O recuo das políticas públicas e a admissão de esgotamento dos Estados nacionais em sua missão de mediar, pelo exercício da política, as crescentes tensões sociais fruto dos efeitos negativos do capitalismo global, levaram as grandes corporações – por sua vez – a descobrirem um novo espaço que está rendendo altos dividendos de imagem pública e social: o desejo dos governos de empurrar para o âmbito privado as responsabilidades e os destinos da desigualdade. (Dupas, 2003, p. 75)

Em virtude disso, constatamos o crescimento da atuação social de empresas, que passaram inclusive a formar alianças com organizações da sociedade civil. "A visibilidade propiciada pela mídia e a atuação de entidades que disseminam o conceito da responsabilidade social têm estimulado essa tendência, que parece orientar-se no sentido de fortalecer a participação da sociedade civil organizada" (Fisher, 2005, p. 6).

Segundo Fisher (2005) o neoliberal trouxe para o Brasil a desincumbência do Estado, que delega a responsabilidade para a sociedade civil. Surge, então, um ambiente favorável à aproximação entre organizações de diferentes setores. Segundo o autor, "a redemocratização do país foi consolidada, ampliando os espaços sociais para o exercício da cidadania e para formas organizadas de participação" (Fisher, 2005, p. 6).

Como já exposto, a Constituição de 1988 ampliou os direitos civis das pessoas e o fortalecimento dos princípios democráticos de convivência social. A proposição de descentralização administrativa do Estado, ainda que desacelerada pelas dificuldades em implementar as reformas tributárias, sinalizou para a emancipação das comunidades locais, embora seja necessário reconhecer o longo caminho a ser percorrido para que se efetive esse processo de aperfeiçoamento da gestão pública.

> **Importante!**
>
> Apesar da reestruturação democrática do país, o neoliberalismo aproveitou-se do terreno fértil e utilizou os mecanismos de descentralização para desincumbir o Estado no processo de privatizações e terceirizações de serviços.

O contexto em que surgiu a Constituição Federal de 1988 foi o mesmo da adoção do receituário neoliberal. As lutas amplas por direitos sociais e políticos foram esquecidas, substituídas por políticas sociais continuadas, não paliativas e clientelistas. Segundo Dagnino (2004), o neoliberalismo motivou também a adoção do individualismo, consumismo, solidarismo, alienação, corte de gastos sociais e transferência de responsabilidades do Estado para a sociedade civil e a família. São maneiras de disfarçar as influências do capitalismo, dificultando o desenvolvimento da democracia e das políticas sociais.

> Desta forma, é por intermédio da redução do Estado na garantia dos direitos sociais, adotando posições do mercado na forma de conduzir as políticas de proteção social, que o desenvolvimento de ações sociais privadas destacam-se. (Vidigal; Suguihiro, 2012, p. 7)

E o que acontece quando a ação social é transferida para o setor privado? Apesar do discurso de neutralidade do Estado e das empresas, a intenção classista é desvelada nas relações que sucedem os anos 1990. As políticas sociais rentáveis, como saúde e educação, foram para o mercado, e as políticas sociais menos lucrativas foram assumidas pelo terceiro setor (Montaño, 2002).
Segundo Laurrel (1996), a política de contratação de organizações do terceiro setor para executar serviços públicos faz parte da reforma do Estado embasada no neoliberalismo. Assim, implanta-se

um modelo de gestão terceirizada de serviços como estratégia da redução de gastos com políticas públicas.

Essa reforma do Estado iniciou-se a partir de leis federais, como a Lei n. 9.637/1998 e a Lei n. 9.790/1999 (Brasil, 1998; 1999). Elas permitem ao Estado estabelecer parcerias com organizações do terceiro setor de natureza não empresarial, que se distinguem por não terem fins lucrativos e por atuarem em esferas classicamente consideradas próprias da atividade governamental (Navarro, 1998).

As referidas leis instituem duas novas categorias de instituição pública: a **organização social** (OS) e a **organização da sociedade civil de interesse público** (OSCIP). As OSs são instituições públicas não estatais que assumem o nome e a gestão de uma extinta instituição estatal. Sua função é realizar atividades "publicizadas", ou seja, que perderam o caráter de serviço exclusivo do Estado (Brasil, 1999).

Já as OSCIPs são organizações da sociedade civil, ou seja, do terceiro setor, qualificadas para receber recursos públicos e desenvolver ações e serviços na área social (Brasil, 1998).

No limite, o que diferencia as OSCIPs das OSs é a natureza da parceria, ou seja, o tipo de relacionamento que mantém com o Estado. As OSCIPs colocam seus próprios projetos em prática. Para receber verbas, porém, é necessário que o trabalho tenha objetivos comuns aos dos programas sociais do governo. As OSs firmam contrato de prestação de serviços com o Estado, assumindo funções que estavam sendo realizadas pela Administração direta estatal.

> **Preste atenção!**
>
> Beghin e Peliano (2003) fazem um alerta sobre a utilização do termo *parceria*, que pode traduzir-se em atitudes não democráticas ao favorecer o interesse privado em prejuízo do público. O termo deve ser analisado com cautela, uma vez que muitas das parcerias que vêm acontecendo entre o Estado, a sociedade civil e o mercado são baseadas em "trocas de favores" a partir de interesses privados, em que o último elemento a ser pensando é o coletivo.

A gestão compartilhada ou transferida causa preocupações sobre a permanência desse serviço como um bem público e universal. Retirar o ente público da administração, conforme aponta as tendências neoliberais, pode ser o primeiro passo para a retirada também do financiamento estatal, deixando para sociedade civil esse encargo.

> O Estado neoliberal, ao se retirar do campo de discussão para constituição de serviços sociais de qualidade para uma população necessitada, deslocando este debate por melhores políticas públicas à esfera privada, está valorizando excessivamente o mercado na condução, formulação e execução de políticas sociais, cujo setor, na maioria dos casos, não intervém socialmente conforme a esfera pública estatal, que deve preocupar-se com o benefício da coletividade. (Schmidt; Suguihiro, 2007, p. 2)

Nesse sentido, a perspectiva ampliada dada às políticas sociais como responsabilidade estatal, prevista na Constituição Federal de 1988, não se concretiza. E, mais uma vez, os interesses do desenvolvimento capitalista são colocados à frente das demandas da população trabalhadora.

A privatização dos serviços sociais públicos, postos como responsabilidade das instituições do mercado e da sociedade civil, favorece a "apropriação privada dos conteúdos do público e sua redução, de novo, a interesses privados" (Oliveira, 2000, p. 58). Portanto, para o mercado é conveniente utilizar o discurso da esfera pública para legitimar objetivos particulares.

Segundo Schmidt e Suguihiro (2007), o neoliberalismo tem uma racionalidade privada. Ao reduzir as ações sociais estatais, levando à participação de outros atores na execução dos serviços, o terceiro setor acaba por diminuir o conceito de política social. Os usuários dos serviços privados estão, na maioria das vezes, exonerados do diálogo e das formas de reivindicação. Assim, submetem-se a concordar com o modelo estabelecido pela lógica neoliberal.

Por isso, concluímos que o modelo neoliberal trouxe impactos profundos para a consolidação da Constituição Federal de 1988. E, por consequência, para o pensamento sobre serviço social que vigora no país desde então. A predominância da busca pelo lucro e o esforço por criar avenidas para a corrida capitalista manteve o bem-estar da população como valor secundário. Isso impactou diretamente na intervenção estatal, nas políticas sociais, na sociedade e na atuação profissional do serviço social. O assistente social precisa sempre ter essa relação em mente. Deve conhecer o contexto histórico em que está inserido e os impactos da formação da sociedade para sua atuação. Mas se a explanação ainda parece muito abrangente, não se preocupe. No último capítulo desta obra, vamos examinar em detalhes os meandros da nossa profissão.

Síntese

Neste capítulo, abordamos o desenvolvimento e as principais características do capitalismo no Brasil, com as especificidades históricas, o colonialismo, a produção agroexportadora, a industrialização tardia e a ditadura, demonstrando, assim, que o capitalismo não se desenvolveu de forma homogênea, mas assimilando características peculiares de cada país, adaptando-se ao contexto histórico, social, político e econômico.

Também tratamos do desenvolvimento capitalista no contexto democrático brasileiro. Identificamos os diversos avanços ocorridos a partir do movimento de redemocratização, que culminou na "fundação" da Nova República e na promulgação da Constituição Federal de 1988. Houve a ampliação da participação popular, das políticas sociais e da garantia de direitos. Entretanto, ressaltamos uma dualidade constitucional, que apresenta também dispositivos direcionados ao desenvolvimento capitalista. Assim, mesmo com a Carta Constitucional, houve a defesa dos interesses dos capitalistas, estabelecendo-se o desafio de implementação e execução da legislação vigente.

O propósito do serviço social é ainda maior no contexto neoliberal. O discurso de crise econômica embasa todo um questionamento das premissas de proteção social assumidas pelo Estado. O modelo neoliberal defendeu um Estado mínimo, um mercado forte e políticas sociais seletivas, mínimas e paliativas. Portanto, o neoliberalismo dificultou a implementação da legislação social brasileira, reduziu as políticas sociais e impactou diretamente na atuação do assistente social.

Curiosidade

Um dos autores de grande renome do serviço social, José Paulo Netto (2011, p. 26-27), compreende que a profissão está diretamente arraigada às demandas construídas no "complexo das contradições produzidas pelo conjunto das relações sociais de produção e reprodução da sociedade capitalista em sua fase monopolista". O teórico afirma que o enfrentamento das expressões da questão social é assumido pelo Estado como resposta à necessidade de controle da força de trabalho, tendo o serviço social como "executor de políticas sociais", ofertando respostas à população (Netto, 2011, p. 26-27). Por meio de seu discurso, verificamos a relação intrínseca entre o serviço social e o modo de produção capitalista.

Para saber mais

A DOUTRINA do choque. Direção: Naomi Klein. 2009. 78 min.

O documentário A doutrina do choque *revela o avanço do ideário neoliberal desde os anos 1970 até 1990. É um documentário de 2009, produzido com base no livro homônimo da autora Naomi Klein, publicado em 2007. A tese principal é que a imposição de regimes econômicos neoliberais é precedida de um estado de choque coletivo, como se o desastre fosse um grande véu.*

CEOLIN, G. F. Crise do capital, precarização do trabalho e impactos no serviço social. **Ser. Soc. Soc.**, São Paulo, n. 118, p. 239-264, abr./jun. 2014. Disponível em: <http://www.scielo.br/pdf/sssoc/n118/a03n118.pdf>. Acesso em: 22 jun. 2019.

O artigo apresenta alguns impactos das transformações societárias dos séculos XX e XXI para a teoria e a prática do serviço social.

IAMAMOTO, M. V. **O serviço social na contemporaneidade**: trabalho e formação profissional. São Paulo: Cortez, 2005.

O livro O serviço social na contemporaneidade: trabalho e formação profissional, *de Marilda Villela Iamamoto, apresenta os cenários e as tendências do serviço social diante do contraditório contexto de transformações societárias do capitalismo contemporâneo.*

NETTO, J. P. **Capitalismo monopolista e serviço social**. São Paulo: Cortez, 2011.

O livro Capitalismo monopolista e serviço social, *de José Paulo Netto, foi escrito em 1947. Aborda o surgimento da profissão, vinculando sua história à emergência do Estado burguês na idade do monopólio, aos projetos das classes sociais fundamentais e à execução das políticas sociais.*

Questões para revisão

1. Sobre o capitalismo no Brasil e suas características, comente a seguinte afirmação: "O desenvolvimento capitalista brasileiro apresenta uma assincronia com o capitalismo mundial".

2. Aponte a importância de estudar o desenvolvimento capitalista para o serviço social.

3. Analise as afirmativas a seguir e marque V para as verdadeiras e F para as falsas.
   ( ) O capitalismo trouxe impactos profundos para sociedade, não apenas quanto ao modo de produção ou a questões econômicas, mas também para as relações sociais entre os indivíduos.
   ( ) O capitalismo tem um poder ideológico que visa à produção, à manutenção e à reprodução desse sistema.
   ( ) O capitalismo teve seu desenvolvimento e sua difusão pelo mundo desde o século XV de forma homogênea.
   ( ) Uma característica marcante do desenvolvimento do capitalismo no Brasil é sua assincronia histórica com os demais países, uma vez que teve uma expansão tardia.

   Agora, assinale a alternativa que apresenta a sequência correta:
   a) V, V, F, V.
   b) F, V, V, F.
   c) F, V, V, V.
   d) V, V, V, F.

4. Analise as afirmativas a seguir e marque V para as verdadeiras e F para as falsas.
   ( ) O capitalismo começou a tomar forma e a se fortalecer no mundo a partir do século XVII, com a ascensão da burguesia europeia impulsionada pela Revolução Burguesa inglesa.
   ( ) O descobrimento do Brasil está vinculado à expansão capitalista europeia, pois, nesse período, as colônias tinham um

papel essencial na produção da riqueza e de capitais para a metrópole.

( ) No início do capitalismo, o Brasil foi subjugado à condição de colônia, pois a acumulação de riquezas era destinada à Portugal.

( ) A modernização do café estimulou incrementos no capitalismo do Brasil, expandindo a economia para a área industrial, e o dinheiro produzido pelo capital cafeeiro foi utilizado para aumentar o capital industrial.

Agora, assinale a alternativa que apresenta a sequência correta:
a) V, V, F, V.
b) V, V, V, V.
c) F, V, V, F.
d) V, V, V, F.

5. Analise as afirmativas a seguir e marque V para as verdadeiras e F para as falsas.

( ) A modernização do café desestimulou a evolução do capitalismo no Brasil, expandindo a economia para a área agrícola.

( ) O capitalismo monopolista do Brasil evidencia uma nova configuração de classes à burguesia industrial e ao proletariado, ampliando o debate sobre o papel do Estado, a questão social e as políticas sociais.

( ) Os anos 1980 foram marcantes para o Brasil, pois apresentaram transformações na organização da sociedade, da política, da economia e do Estado.

( ) Seguindo a tendência mundial, o Brasil adotou o receituário neoliberal apenas tardiamente, na década de 1990, durante o governo de Fernando Collor de Mello.

Agora, assinale a alternativa que apresenta a sequência correta:
a) V, V, F, V.
b) V, F, V, F.
c) V, V, V, V.
d) F, V, V, V.

Questão para reflexão

1. Leia o trecho do texto a seguir e comente as principais mudanças na sociedade durante o desenvolvimento do capitalismo no Brasil.

> ### Capitalismo e barbárie contemporânea
>
> Ocorrem alterações profundas, quer no plano econômicoobjetivo da produção/reprodução das classes e suas relações, quer no plano ideo-subjetivo do reconhecimento da pertença de classe (e sabese da unidade de ambos os planos na prática social). No conjunto dos que vivem da venda da sua força de trabalho, está claro que a classe operária que fixou a sua identidade classista (sindical e políticopartidária) enfrentando o capitalismo monopolista experimenta mudanças significativas, afetada que é por diferenciações, divisões, cortes e recomposições – refratando as novas clivagens postas por alterações
> na divisão social e técnica do trabalho. Também se modificam as hierarquias e as articulações de camadas médias, "tradicionais" (como a pequena burguesia urbana) ou não. Aquele conjunto, hoje mais que nunca, é bastante heteróclito. E também há modificações nas suas camadas situadas no que se poderia chamar de rés do chão da ordem tardoburguesa, cuja existência vem sendo degradada progressivamente pelo capitalismo contemporâneo: a miríade de segmentos desprotegidos, que não podem ser sumariamente identificados ao lúmpen "clássico". Tais segmentos compreendem universos heterogêneos, desde aposentados com pensões miseráveis, crianças e adolescentes sem qualquer cobertura social, migrantes e refugiados, doentes estigmatizados (recordemse os aidéticos pobres) até trabalhadores expulsos do mercado de trabalho (formal e informal).

Fonte: Netto, 2012, p. 208.

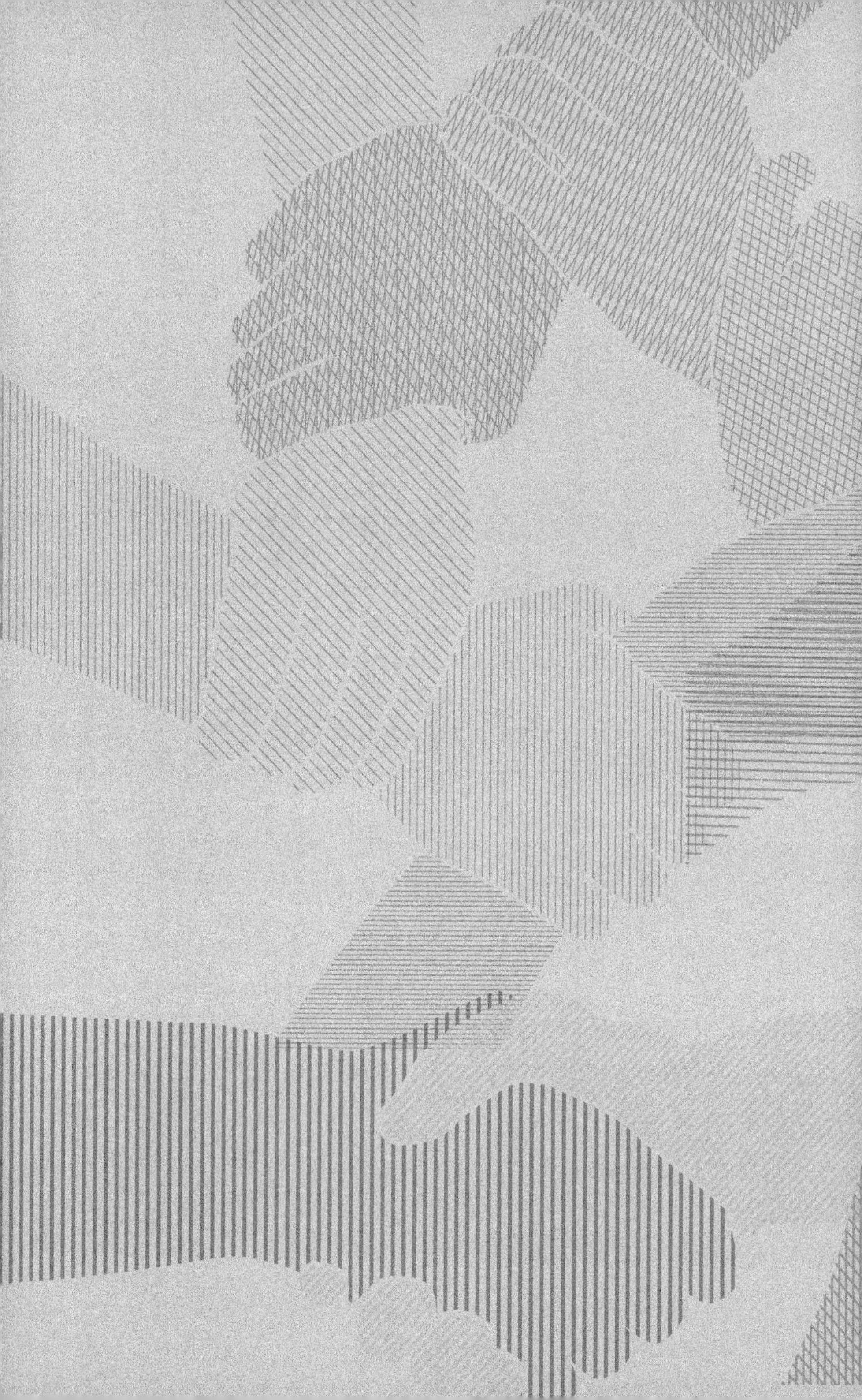

CAPÍTULO 5

Implicações do modo de produção capitalista para o serviço social

Conteúdos do capítulo:

- Relações entre o capitalismo, a questão social e o serviço social.
- A dimensão política do serviço social e do sistema capitalista.

Após o estudo deste capítulo, você será capaz de:

1. identificar as transformações societárias provocadas pelo sistema capitalista e as implicações para o serviço social e para as expressões da questão social;
2. valorizar a dimensão política do serviço social no contexto capitalista.

Neste último capítulo, analisaremos as implicações do modo de produção capitalista no que se refere à questão social e ao serviço social.

O serviço social é uma profissão histórica, isto é, vinculada à realidade na qual está inserida. Como precisamos construir as bases de compreensão dessa profissão, é fundamental examinarmos as consequências do capitalismo para a questão social e para o assistente social.

O capital influencia e traz determinações sobre a conjuntura da sociedade, interferindo diretamente na construção nas práticas do exercício profissional. Tais influências sobre a atuação do serviço social ficam ainda mais complexas a partir do debate sobre seu projeto ético-político. Este se contrapõe à lógica desigual do capitalismo e posiciona-se na defesa da classe trabalhadora, superando a lógica de neutralidade da profissão. Tal projeto prevê uma ruptura com a prática profissional tradicional, possibilitando ao assistente social assumir o compromisso com um projeto social democrático. Afirma-se, portanto, um posicionamento político comprometido com a luta da classe trabalhadora (Netto, 2001).

5.1 Questão social: entendimento do conceito para o capitalismo e para o serviço social

Primeiramente, vamos nos debruçar sobre o conceito de questão social. Embora o uso da expressão *questão social* seja recorrente, muitos estudantes e assistentes sociais ainda não compreendem a relação do termo com o capitalismo ou com o serviço social.

O fato é que muitos profissionais têm dificuldades de identificar a questão social na realidade brasileira ou em seu campo de atuação, confundindo as demandas e os objetivos institucionais com uma questão social a ser apreendida pelo assistente social. Assim, a discussão sobre esse termo, apesar de frequente, gera uma miscelânea de interpretações.

Conforme afirma Iamamoto (2001), a questão social é imanente à sociabilidade capitalista. Sua origem deriva do caráter coletivo da produção, em oposição à apropriação privada da própria atividade humana. A questão social agrega o conjunto das desigualdades e lutas sociais, produzidas e reproduzidas no movimento contraditório das relações sociais.

Importante!

A questão social expressa desigualdades econômicas, políticas, sociais e culturais das classes sociais. As expressões da questão social atingem a esfera pública, exigindo a atuação do Estado e da sociedade civil para o reconhecimento e a legalização de direitos e deveres dos sujeitos sociais.

A questão social tornou-se fruto de debate durante o esforço teórico de compreensão das estruturas primeiras do capitalismo.

> O termo questão social surge na Europa Ocidental a partir da terceira década do século XIX, pautando o debate entre intelectuais, filantropos, militantes políticos, sobre o fenômeno do pauperismo absoluto ao qual estavam submetidas as massas trabalhadoras, num contexto histórico marcado pela consolidação do capitalismo em face dos processos de industrialização e urbanização que vinham se sucedendo desde o século XVIII. (Netto; Braz, 2006, p. 139)

O desenvolvimento capitalista trouxe algumas consequências profundas para a sociedade, como a divisão do trabalho e a divisão de classes (burguesia *versus* proletariado), os antagonismos e as desigualdades entre elas. Temos, por exemplo, a "superpopulação relativa ou exército industrial de reserva e a pauperização (absoluta e/ou relativa) dos trabalhadores" (Marx, 1985, p. 198). Essa superpopulação nada mais é que o "exército industrial de reserva", os que não são absorvidos pelo mercado e se encontram desempregados. Tal situação é necessária para que o sistema mantenha os salários baixos, amplie a exploração e consiga controlar os trabalhadores, que temem se tornarem soldados exército de ociosidade.

A pauperização é outra consequência necessária para o desenvolvimento do capitalismo. Ela aparece ligada diretamente ao exército de reserva, bem como aos trabalhadores em condições precárias de trabalho. Segundo Montenegro e Melo (2014, p. 20), "o pauperismo da sociedade capitalista tem por fundamento as contradições entre o desenvolvimento das forças produtivas e as relações sociais de produção, a crescente e socializada produção de riqueza e a apropriação privada desta". É consequência do desigual modo de produção capitalista, que necessita dessas discrepâncias para sua manutenção e reprodução. A produção é socializada, mas os lucros são apropriados apenas pelos burgueses, donos do capital. Aos trabalhadores cabe apenas trabalhar para sobreviver e tentar não entrar para o exército de reserva.

> O pauperismo constitui o asilo para inválidos do exército ativo de trabalhadores e o peso morto do exército industrial de reserva. Sua produção está incluída na produção da superpopulação relativa, sua necessidade na necessidade dela, e ambos constituem uma condição da existência da produção capitalista e do desenvolvimento da riqueza. (Marx, 1985, p. 209)

Marx (1985, p. 209) afirma que a desigualdade é condição para a existência do desenvolvimento do capitalismo. Trata-se da "lei absoluta geral da acumulação capitalista". Essa lei geral baseia-se na apropriação da riqueza pelos capitalistas e da socialização da miséria para os trabalhadores desempregados.

> **Importante!**
>
> O termo *questão social* surge para explicitar o aprofundamento do pauperismo para a população no processo de desenvolvimento do capitalismo, diante do contraditório crescimento da riqueza para os capitalistas. Portanto, a questão social é inerente à existência do capitalismo e condição para que ele se concretize, partindo de seu ponto original o antagonismo entre as categorias capital e trabalho.

Com base na contradição existente entre as categorias capital e trabalho é que o capitalismo se arquiteta. Como derivativo crucial para a manutenção da desigualdade estruturante, a questão social "tem a ver, exclusivamente, com a sociabilidade erguida sob o comando do capital" (Netto, 2011, p. 159). Portanto, é na reprodução do capital e em sua lei de acumulação que se encontra o cerne da questão social, sendo esta irresolúvel sem a superação daquela.

> O desenvolvimento capitalista produz, compulsoriamente, a 'questão social' – diferentes estágios capitalistas produzem diferentes manifestações da 'questão social'; esta não é uma sequela adjetiva ou transitória do regime do capital: sua existência e suas manifestações são indissociáveis da dinâmica específica do capital tornando potência social dominante. A 'questão social' é constitutiva do desenvolvimento do capitalismo. Não se suprime a primeira conservando-se o segundo. (Netto, 2011, p. 157)

Quando discutimos a questão social, tratamos da raiz da relação capitalista original. Dessa forma, não podemos dizer que são "questões sociais", no plural, mas é a "questão social" original, que parte desse pressuposto capitalista.

Nesse sentido, Telles (1996, p. 85) corrobora afirmando que

> a questão social é a aporia das sociedades modernas que põe em foco a disjunção, sempre renovada, entre a lógica do mercado e a dinâmica societária, entre a exigência ética dos direitos e os imperativos de eficácia da economia, entre a ordem legal que promete

igualdade e a realidade das desigualdades e exclusões tramada na dinâmica das relações de poder e dominação". Portanto, a questão social é uma categoria que expressa a contradição fundamental do modo capitalista de produção. Contradição, esta, fundada na produção e apropriação da riqueza gerada socialmente: os trabalhadores produzem a riqueza, os capitalistas se apropriam dela. É assim que o trabalhador não usufrui das riquezas por ele produzidas.

O autor reforça a ideia da contradição inerente ao sistema capitalista, que revela a questão social entre a apropriação da riqueza pelo capitalista e a não participação do trabalhador nesses recursos. Mesmo pautando-se na contradição original do capitalismo, a questão social apresenta particularidades inerentes ao período histórico na qual está inserida.

> **Preste atenção!**
>
> A *questão social* é um termo histórico e dinâmico, em que as particularidades de cada contexto implicam suas mudanças.

Vale relembrar um elemento muito importante aqui: quando tratamos das particularidades de cada contexto, não surge uma nova "questão social". O que aparecem são as manifestações ou expressões da "questão social" original (Castel et al., 2000).
Ressaltamos: a questão social não é apenas econômica, é ideopolítica, social, cultural e histórica.
Iamamoto e Carvalho (2005, p. 77) corroboram afirmando que

> a questão social não é senão as expressões do processo de formação e desenvolvimento da classe operária e de seu ingresso no cenário político da sociedade, exigindo seu reconhecimento como classe por parte do empresariado e do Estado. É a manifestação, no cotidiano da vida social, da contradição entre o proletariado e a burguesa, a qual passa exigir outros tipos de intervenção, mais além da caridade e repressão.

Expressões e vivências como o desemprego, a pobreza, a violência e o preconceito fazem parte do nosso dia a dia. Esses temas clamam por atendimento e intervenção. Até o mais voraz capitalista concordará com essa afirmação, pois é importante controlá-los para que o capitalismo continue reproduzindo-se. Um dos responsáveis pelo atendimento dessas demandas levantadas pela população e pelos movimentos sociais é o Estado. Por meio de políticas sociais, ele deve atender e minimizar as sequelas das expressões da questão. É nesse âmbito que surge a figura do serviço social.

Chegamos, assim, em um ponto bastante importante. Para a manutenção e reprodução do sistema capitalista, houve a necessidade de repensar a questão social e tentar dar respostas a elas. Assim, pensou-se em uma atuação conjunta. O mercado estimula a produção e o consumo, ao passo que o Estado intervém na questão social. O intuito era estimular a população com políticas sociais, devolvendo a elas alguma capacidade econômica. E, com isso, ampliar o consumo e manter o mercado aquecido.

> Um contingente da população fica excluído do mercado de trabalho, e ao não poder vender sua força de trabalho, não tem fonte de renda que lhe permita adquirir no mercado bens e serviços. Para enfrentar esse hiato, segundo Keynes, o Estado deve passar a intervir em dois sentidos: (a) responder a algumas necessidades (carências)/demandas dessa população carente; (b) criar as condições para a produção e o consumo, incentivando a uma contenção do desemprego ou uma transferência de renda (seguridade social e políticas sociais). Promove-se o chamado "círculo virtuoso" fordista-keynesiano. Para isso, o Estado passa a absorver e organizar parte do excedente e a redistribuí-lo mediante políticas sociais. (Montaño, 2002, p. 276)

Nesse panorama, o Estado passou a oferecer políticas sociais no atendimento às expressões da questão social, redistribuindo parte do excedente para os trabalhadores e mantendo a reprodução do capitalismo. Assim, demarca-se, inclusive, a relação contraditória da figura do Estado no sistema capitalista.

A questão social começava a ser assistida pelo Estado, que necessitaria, então, de um profissional para atuar diretamente com os usuários e suas expressões da questão social. Portanto,

> entendeu-se que é a partir da inserção do serviço social, nos marcos da expansão do capitalismo monopolista e em face das sequelas da 'questão social' no Brasil, que a profissão adquire concretude

histórica. É por meio desse eixo fundante que se desdobram as políticas sociais e os padrões de proteção social. (Abepss, 1996, p. 149)

Como já mencionado no Capítulo 4, o serviço social surgiu como um representante do Estado na oferta de políticas sociais. Agora, o que nos interessa é como a questão social define-se na condição de objeto do serviço social. Vejamos:

> Os assistentes sociais trabalham com a questão social nas suas mais variadas expressões quotidianas, tais como os indivíduos as experimentam no trabalho, na família, na área habitacional, na saúde, na assistência social pública, etc. Questão social que sendo desigualdade é também rebeldia, por envolver sujeitos que vivenciam as desigualdades e a ela resistem, se opõem. É nesta tensão entre produção da desigualdade e produção da rebeldia e da resistência, que trabalham os assistentes sociais, situados nesse terreno movido por interesses sociais distintos, aos quais não é possível abstrair ou deles fugir porque tecem a vida em sociedade. [...] a questão social, cujas múltiplas expressões são o objeto do trabalho cotidiano do assistente social. (Iamamoto, 1997, p. 14)

A questão social faz parte do cotidiano do assistente social nos diferentes espaços sócio-ocupacionais. Essa atuação deve ser ressaltada, pois, muitas vezes, assistente sociais tem dificuldade de identificar a questão social e suas expressões em seu ambiente de trabalho. Tal situação é muito delicada. Se o assistente social não reconhece a questão social como objeto de seu trabalho e não identifica as relações contraditórias, sua atuação fica reduzida ao conservadorismo profissional.

Importante!

Se o profissional não empreende uma leitura crítica da realidade, identificando os limites e as possibilidades de sua atuação, não estabelece uma atuação com vistas à superação ou minimização das situações de vulnerabilidade, permanecendo como um profissional que apenas executa políticas sociais paliativas.

Diante disso, o assistente social pode buscar a construção de respostas e alternativas preocupadas e vinculadas com a classe trabalhadora, como está previsto em seu projeto ético-político. Assim,

> o assistente social convive cotidianamente com as mais amplas expressões da questão social, matéria-prima de seu trabalho. Confronta-se com as manifestações mais dramáticas dos processos da questão social no nível dos indivíduos sociais, seja em sua vida individual ou coletiva. (Abepss, 1996, p. 154-155)

Portanto, a questão social é uma premissa para o trabalho do assistente social em qualquer área em que atue. É necessário conhecer as manifestações da questão social, fazer um diagnóstico da realidade e propor ações planejadas e refletidas a partir dessa realidade. O essencial é objetivar um fazer profissional crítico, que vai muito além da mera execução de políticas sociais paliativas.

Agora que analisamos essa relação, temos subsídios para aprofundar o tema e delinear uma proposta de atuação profissional de qualidade, refletida e comprometida com a classe trabalhadora.

5.2 Implicações do capitalismo para o serviço social

Para compreender a relação entre o serviço social e as expressões dessa questão, alguns elementos são imprescindíveis. Primeiramente, discutiremos expressões da questão social que fazem parte do cotidiano profissional do assistente social tanto no setor público quanto no privado. Entre as principais manifestações da questão social, abordaremos a diferença entre desigualdade, pobreza e vulnerabilidade.

Em seguida, retomaremos o fato de que o serviço social é uma profissão histórica e que as transformações societárias ocorridas no sistema capitalista impactam diretamente na profissão e na questão social e suas manifestações.

Por fim, trataremos do papel político do assistente social no contexto capitalista, uma vez que ele apresenta um direcionamento ético-político vinculado à classe trabalhadora e à atuação em um cenário desfavorável.

5.2.1 O capitalismo e as expressões da questão social

As transformações societárias têm consequências diretas no serviço social, afetando também a questão social, uma vez que "a concepção de questão social está enraizada na contradição capital × trabalho. Em outros termos, é uma categoria que tem sua especificidade definida no âmbito do modo capitalista de produção" (Machado, 1999, p. 2).

A questão social original não muda no cotidiano profissional. Contudo, isso inclui as transformações, as crises e o aprofundamento que o sistema trouxe, agora com uma nova roupagem, para as manifestações da questão social.

Preste atenção!

Iamamoto (2001, p. 27) compreende que "a questão social é apreendida como um conjunto das expressões das desigualdades da sociedade capitalista madura". Segundo a autora, isso "tem uma raiz comum: a produção social é cada vez mais coletiva, o trabalho torna-se mais amplamente social, enquanto a apropriação dos seus frutos mantém-se privada, monopolizada por uma parte da sociedade" (Iamamoto, 2001, p. 27).

Compreender os impactos do capitalismo nas expressões da questão também nos remete a entender o próprio termo, que conta com dois momentos históricos expressivos. O primeiro foi quando a burguesia perdeu espaço no debate sobre as lutas do proletariado. Ali, surgia uma leitura falseada da realidade, desvinculando-a de características fundamentais do capitalismo.

> Após o surgimento da economia marxista, seria impossível ignorar a luta de classes como fato fundamental do desenvolvimento social, sempre que as relações sociais fossem estudadas a partir da economia. Para fugir dessa necessidade, surgiu a sociologia como ciência autônoma [...]. O nascimento da sociologia como disciplina independente faz com que o tratamento do problema da sociedade deixe de lado a sua base econômica; a suposta independência entre as questões sociais e as questões econômicas constitui o ponto de partida metodológico da sociologia. (Lukács, 1992, p. 132)

Notamos uma tentativa de afastar as implicações do contexto capitalista para a questão social, tratando-a como um problema individual, e não vinculado ao sistema. As expressões da questão social passaram, então, a ser analisadas como fenômenos isolados, e não como consequências do sistema antagônico capitalista, sendo de responsabilidade individual seu surgimento e tratamento.

> Assim, o tratamento das chamadas "questões sociais" passa a ser segmentado (separado por tipo de problemas, por grupo populacional, por território), filantrópico (orientado segundo os valores da filantropia burguesa), moralizador (procurando alterar os aspectos morais do indivíduo) e comportamental (considerando a pobreza e as manifestações da "questão social" como um problema que se expressa em comportamentos, a solução passa por alterar tais comportamentos). (Montaño, 2002, p. 272)

Nesse sentido, a questão social era analisada de forma fragmentada, sem que fossem ponderados os fundamentos econômicos decorrentes das relações antagônicas do sistema capitalista. Estaria conectada a questões individuais, culturais e morais, tornando responsável o indivíduo assolado pelo problema.

O segundo momento histórico expressivo foi a expansão capitalista do pós-guerra, que incorporou o proletariado industrial a um arranjo monopolista.

> Nessa experiência, o Estado assume tarefas e funções essenciais para a nova fase de acumulação capitalista e inibiçãoinstitucionalização dos conflitos sociais da classe trabalhadora (represando os anseios de superação da ordem e transformando em pontuais demandas dentro da mesma). Aqui a "questão social" passa a ser como que internalizada na ordem social. Não mais como um problema meramente oriundo do indivíduo, mas como consequência do ainda insuficiente desenvolvimento social e econômico (ou do subdesenvolvimento). (Montaño, 2002, p. 275)

Nessa perspectiva, a questão social foi conectada a seus fundamentos econômicos, ou seja, a desigualdade presente no sistema capitalista figurava como uma de suas causas. A responsabilidade da questão social deslocou-se do indivíduo para o mercado, que não era capaz de atender todos de forma igualitária, sendo necessária a atuação do Estado para fazer a redistribuição no sistema capitalista.

> O Estado passa a absorver e organizar parte do excedente e a redistribuílo mediante políticas sociais. Neste contexto, novas e velhas são as características que marcam a compreensão da "questão social" e suas formas de enfrentamento: Esta abordagem avança ao considerar as manifestações da "questão social" como um produto (transitório) do sistema capitalista (ou como resultado do seu ainda insuficiente desenvolvimento), e não como meras consequências dos hábitos e comportamentos dos indivíduos que padecem as necessidades sociais. (Montaño, 2002, p. 275)

A questão social passou a ser analisada a partir de seu contexto histórico. Assim, vinculou-se a questão social à realidade, dando mais clareza a seus determinantes e às possibilidades de atendimento ao necessitado.

Dessa forma, tratar as expressões da questão social historicamente é fundamental, pois isso implica conhecer e investigar as especificidades e as consequências do contexto capitalista em cada momento.

5.2.2 O serviço social e as transformações societárias no cenário capitalista

Um dos elementos essenciais para entender a atuação do serviço social é compreendê-lo como uma profissão histórica. Não é possível conceber uma atuação profissional desvinculada do contexto histórico, social, econômico, cultural e político. Cada cenário traz suas especificidades, e isso inclui o serviço social, que lida diretamente com a questão social e as relações sociais.

> Desde logo, entendemos que existe uma vinculação entre o serviço social e a questão social a qual não se deu por acaso, mas resultante de uma relação histórica. E, nessa perspectiva, é importante trabalhar sua historicidade pela via da formação social brasileira para situarmos em que momento a questão social ganhou materialidade (objetividade) e protagonismo (subjetividade), isto é, expressão e legitimidade no desenvolvimento do processo capitalista de produção, tornando-se, inclusive, base inegável para o surgimento do Serviço Social como profissão. (Silva, 2013, p. 264)

Importante!

Uma atuação desvinculada do contexto histórico reflete-se em uma atuação profissional distante da realidade conservadora e sem criticidade. Só mesmo um olhar sob a totalidade histórica permite uma atuação comprometida, de qualidade, e vinculada à superação da situação de vulnerabilidade.

O exercício profissional está diretamente relacionado às ações cotidianas presentes na sociedade capitalista. Cada ação do assistente social pode estar colaborando com a manutenção do sistema ou promovendo uma atuação crítica e vinculada à classe trabalhadora. Essa atuação depende do nível da apreensão da realidade e da historicidade pelo profissional, compreendendo a lógica das relações capitalistas.

> O surgimento e desenvolvimento do serviço social como profissão é resultado das demandas da sociedade capitalista e suas estratégias e mecanismos de opressão social e reprodução da ideologia dominante. Como profissão que surge de uma demanda posta pelo capital, institucionaliza-se e legitima-se como um dos recursos mobilizados pelo Estado e pelo empresariado, mas com um suporte de uma prática cristã ligada à Igreja Católica, na perspectiva do enfrentamento e da regulação da chamada questão social que, a partir dos anos 30 (séc. XX), adquire expressão política pela intensidade das manifestações na vida social cotidiana. (Piana, 2009, p. 87)

O surgimento do serviço social já nasceu vinculado historicamente ao contexto capitalista. Conforme o capitalismo ganhava novos contornos, o serviço social também apresentava mudanças, a fim de dar respostas ao aprofundamento da questão social e de suas manifestações.

Nesse sentido, as transformações societárias, motivadas pelo movimento das classes sociais diante do contexto capitalista, trouxeram para o âmbito do serviço social novas exigências, demandas e organização. Portanto, um panorama capitalista reinventa-se para sair das crises cíclicas e manter as taxas de lucro, e o serviço social deveria, então, estar atento para uma análise crítica da realidade. O fato é que tais transformações afetaram até mesmo o processo de formação profissional, as relações profissionais e o mercado de trabalho.

> O desmesurado crescimento do quadro profissional nas últimas décadas, decorrente da expansão acelerada do ensino superior privado [...] tem implicações na qualidade acadêmica da formação, no aligeiramento no trato da teoria, na ênfase no treinamento e menos na descoberta científica. A massificação e a perda de qualidade da formação universitária facilitam a submissão dos profissionais às demandas e "normas do mercado", tendentes a um processo de politização à direita da categoria. O aumento do contingente profissional vem acompanhado de crescimento do desemprego em uma conjuntura recessiva, pressionando o piso salarial e a precarização das condições de trabalho, aumentando a insegurança no emprego e a concorrência no mercado profissional de trabalho. Dificilmente a oferta de trabalho poderá acompanhar, no mesmo ritmo, o crescimento do número de profissionais, podendo desdobrar-se na criação

de um exército assistencial de reserva, como recurso de qualificação do "voluntariado", e no reforço ao clientelismo político, aos chamamentos à "solidariedade" enquanto estratégia de obscurecimento das clivagens de classe. (Iamamoto, 2014, p. 629-630)

As mudanças sociais no contexto capitalista ocorrem de forma tão rápida que ocultam as contradições imanentes. O processo de formação profissional do assistente social têm sofrido um desmonte, visando apenas ao aligeiramento da qualificação e ao atendimento imediato das demandas do mercado.

> Cresce o trabalho precário, temporário, a contratação por projetos, que geram: insegurança da vida dos profissionais mediante a ausência de horizonte de largo prazo de emprego e a perda de direitos. A ameaça de desemprego e a experiência do desemprego temporário afetam diretamente a sobrevivência material e social do assistente social, que depende da venda de sua força de trabalho para a obtenção de meios de vida, como qualquer trabalhador assalariado. Essa precarização das condições de trabalho atinge a qualidade dos serviços prestados e a relação com a população; projetos são abruptamente interrompidos quando termina o seu financiamento temporário; expectativas da população envolvida nas atividades são frustradas, a legitimidade obtida para realização do trabalho do assistente social é truncada, além de outras incidências de ordem ética. (Iamamoto, 2014, p. 631)

A lógica capitalista afeta diretamente o serviço social. Por se tratar de uma profissão assalariada, tal como as demais, o profissional sofre as mesmas pressões percebidas nos atendidos. Com condições de trabalho precarizadas, a qualidade do serviço passa a ser questionável. O assistente social começa a encontrar dificuldades em garantir os direitos dos usuários. O aprofundamento do capitalismo traz consigo o desmonte das políticas sociais. Apesar de garantidas em lei, sua efetivação ainda é um desafio. Tal cenário dificulta o exercício profissional. Portanto, o assistente social precisa compreender sua realidade histórica e seu contexto de atuação.

> A ênfase nos estudos históricos sobre o Brasil contemporâneo é indispensável ao acompanhamento das mudanças macrossocietárias

e suas expressões conjunturais, subsidiando a leitura das forças e sujeitos sociais que incidem no exercício profissional, condição para elucidar o seu significado social na sociedade nacional. (Iamamoto, 2014, p. 632)

Diante desse panorama, a atuação do assistente social está ligada diretamente às transformações societárias. Na lógica capitalista, o exercício profissional torna-se ainda mais complexo e contraditório. O assistente social vincula-se à garantia de direitos dos trabalhadores; ao mesmo tempo, é assalariado e contratado pelo capitalista. Tem, portanto, de dar satisfações tanto à população atendida quanto à instituição contratante.

> Como uma tendência que abarca as profissões assalariadas, os assistentes sociais têm seus espaços, condições e relações de trabalho precarizados e quase totalmente destituídos de direitos. Vivenciam e enfrentam, ao mesmo tempo, as expressões da exploração e dominação do capital sobre o trabalho e efetivam respostas no campo dos direitos, captando e enfrentando as expressões da chamada "questão social", que se convertem, por meio de múltiplas mediações, numa diversidade de demandas para a profissão. Tais respostas, que não são neutras, dependem de o profissional assumir a sua condição de trabalhador assalariado e do domínio de um referencial teórico-metodológico que o ajude a fazer a leitura mais correta dessa realidade. (Guerra, 2010, p. 716-717)

Tais condições dificultam o exercício profissional crítico e reflexivo. Com a precarização e a redução das políticas sociais, há a redução dos espaços de trabalho dos assistentes sociais no Estado e o crescimento de vagas no terceiro setor. O assistente social, que antes trabalhava na lógica de políticas ampliadas, passa a lidar a com a fragmentação da realidade e das respostas às expressões da questão social.

> Significa uma alteração no padrão de resposta à questão social, representando a desresponsabilização do Estado, a desoneração do capital e autorresponsabilização do cidadão e das comunidades locais para essa função. As contradições deste processo podem ser observadas: na setorialização da realidade social. (Alencar, 2009, p. 8)

Tudo isso dificulta o acesso à integralidade, à universidade e à totalidade no atendimento do usuário. As condicionalidades de programas e projetos sociais criam requisitos de acesso às políticas, selecionando quem serão os usuários beneficiados.

O assistente social sofre igualmente o efeito da intensificação de sua mão de obra e da jornada de trabalho. Precisa responder à lógica do produtivismo capitalista, muitas vezes atendendo a um número elevado de usuários, oferecendo políticas sociais e benefícios em quantidade e qualidade insuficiente.

São limitações que começam na universidade. A precarização do ensino superior é facilmente perceptível. O futuro assistente social recebe uma formação rápida, sem a devida preocupação com a qualidade, apenas com as necessidades do mercado. Nessa perspectiva, o assistente social forma-se com uma visão fragmentada e reduzida da realidade, uma vez que o mercado pretende respostas imediatas às expressões da questão social. Sem uma leitura sofisticada do problema, é seguro supor que o padrão de resposta seja precário e limitado.

Tal situação se dá em decorrência das necessidades de mercado, as quais apresentam políticas sociais reduzidas, paliativas e descontinuadas, logo, o assistente social atende os usuários a partir dessas demandas (Guerra, 2013).

Para a autora, o Brasil conta com um processo de formação profissional do serviço social que se encontra imbrincado à realidade histórica que, na atual conjuntura, aponta para uma formação superficial e acrítica, bem como para a precarização das políticas sociais.

> Disso resulta a formação de pobres profissionais que irão trabalhar com pobres, permitindo-nos inferir que a precarização da educação, que incide sobre a formação de assistentes sociais, baseia-se na mesma lógica de precarização das políticas sociais. Há uma afinidade entre o modelo de política social vigente (especialmente a política da educação superior) e o perfil do profissional para operá-la (assistentes sociais e educadores, dentre outros). No caso específico dos assistentes sociais, o barateamento da formação constrói o perfil mais adequado de profissional para 'operar' as políticas sociais focalistas, precarizadas, assistencializadas e abstraídas de direitos sociais. (Guerra, 2013, p. 248)

A precarização do processo de formação está presente em todos os âmbitos: na graduação pública, na privada e na modalidade à distância. No ensino superior público, verifica-se o desmonte do financiamento dos cursos, dificultando a contratação de profissionais, materiais e o incentivo ao ensino, à pesquisa e à extensão. No âmbito privado, nota-se o aligeiramento da formação e a redução do quadro de professores qualificados, visando manter as mensalidades baratas. O enfoque está na formação de profissionais apenas para o mercado de trabalho, sem a devida preocupação com a qualidade ou criticidade desse profissional. No ensino à distância, ainda é possível perceber a ampliação de vagas nos cursos sem o devido acompanhamento dos alunos, no intuito apenas de formação de um maior número de profissionais.

Importante!

No contexto capitalista, o assistente social está diante do aprofundamento das expressões da questão social, da fragmentação e do desmonte das políticas sociais, da mercantilização do ensino e da precarização do processo de formação, que atende apenas aos interesses do mercado.

Dessa forma, o assistente social deve ater-se e se comprometer-se com seu projeto ético-político, buscando sempre um processo de reflexão crítica de sua atuação, capacitação continuada e leitura aprofundada da realidade. Esse comprometimento visa à manutenção do perfil profissional do assistente social

> dotado de formação intelectual e cultura generalista crítica, competente em sua área de desempenho, com capacidade de inserção criativa e propositiva no conjunto das relações sociais e no mercado de trabalho e comprometido com os valores e princípios norteadores do Código de Ética do Assistente Social. (Abepss, citado por Guerra, 2013, p. 249)

Diante de um cenário adverso, o desafio máximo é garantir um atendimento mínimo e a defesa de políticas sociais ampliadas. O compromisso com o projeto ético-político, apesar de todas as dificuldades, é basilar. Sem ele, toda a estrutura desmorona.

5.3 A dimensão política do serviço social e o sistema capitalista

Em meio ao debate sobre as transformações societárias ocasionadas pelo sistema capitalista e, consequentemente, sua influência histórica no serviço social e nas expressões da questão social, este é o momento em que podemos parar para repensar: Qual é o papel profissional do assistente social?

O profissional é instado a adotar um posicionamento político em favor de uma das classes. A neutralidade não cabe ao sistema capitalista. Assim, compreender a dimensão política e o projeto ético-político do serviço social é primordial ao assistente social que deseja entender seu papel crítico. Um dos autores de grande renome do serviço social, José Paulo Netto (2001, p. 104-105), compreende que o projeto ético-político do serviço social tem em

> seu núcleo o reconhecimento da liberdade como valor central – a liberdade concebida historicamente, como possibilidade de escolha entre alternativas concretas; daí um compromisso com a autonomia, a emancipação e a plena expansão dos indivíduos sociais. Consequentemente, este projeto profissional se vincula a um projeto societário que propõe a construção de uma nova ordem social, sem exploração/dominação de classe, etnia e gênero. A partir destas opções que o fundamentam, tal projeto afirma a defesa intransigente dos direitos humanos e o repúdio do arbítrio e dos preconceitos, contemplando positivamente o pluralismo, tanto na sociedade como no exercício profissional.

Essa dimensão política voltada à classe trabalhadora remonta ao serviço social após o Movimento de Reconceituação e materializa-se na década de 1990 por meio das diretrizes curriculares, da lei que regulamenta a profissão e o do código de ética.

> A construção deste projeto no marco do Serviço Social no Brasil – tem uma história que não é tão recente, iniciada na transição da década de 1970 à de 1980. Este período marca um momento importante

> no desenvolvimento do Serviço Social no Brasil, vincado especialmente pelo enfrentamento e pela denúncia do conservadorismo profissional. É neste processo de recusa e crítica do conservadorismo que se encontram as raízes de um projeto profissional novo, precisamente as bases do que se está denominando projeto ético-político. (Netto, 2001, p. 1)

Podemos afirmar que a dimensão política do serviço social busca combater o conservadorismo da própria profissão – um vício de origem, como vimos no Capítulo 4. Esse ciclo será rompido à medida que os trabalhadores do setor entendam a construção da dimensão política do serviço social e sua importância para uma atuação comprometida e de qualidade.

Historicamente, o serviço social tem sido influenciado pelas conjunturas políticas e socioeconômicas do país. Sempre que o entendimento teórico sobre a sociedade muda, o tipo de intervenção também se modifica. O início da profissão no Brasil, em 1937, foi marcado por um serviço social preocupado com o homem e com seus valores.

> O objeto do serviço social era este homem, tendo por objetivo moldá-lo, integrá-lo, aos valores, moral e costumes defendidos pela filosofia neotomista. Posteriormente, o serviço social ultrapassa a ideia do homem como objeto profissional. Passa-se à compreensão de que a situação deste homem – analfabeto, pobre, desempregado, etc. – é fruto, não só de uma incapacidade individual mas, também, de um conjunto de situações que merecem a intervenção profissional. (Machado, 1999, p. 1)

Nesse sentido, a preocupação do assistente social era adaptar o indivíduo à sociedade capitalista. O assistente social precisava, inclusive, intervir na vida pessoal do atendido, onde se compreendia que estava a fonte dos problemas sociais. Tal cenário só veio a modificar-se com o Movimento de Reconceituação do serviço social, entre o final da década de 1960 e o início dos anos 1970.

> O Movimento de Reconceituação do serviço social, iniciado na década de 1960, representou uma tomada de consciência crítica e política dos assistentes sociais em toda a América Latina, não obstante, no Brasil as condições políticas em que ele ocorreu trouxe elementos

> muito diversos dos traçados em outros países. As restrições da Ditadura Militar, principalmente depois do Ato Institucional n° 5 trouxeram elementos importantes nos rumos tomados pelo serviço social em seu processo de renovação. Esses profissionais, mediante o reconhecimento de intensas contradições ocorridas no exercício profissional, que se apoiava na corrente filosófica positivista, de Augusto Comte, questionavam seu papel na sociedade, buscando levar a profissão a romper com a alienação ideológica a que se submetera. (Piana, 2009, p. 96)

O serviço social passou a questionar seu papel na sociedade capitalista a partir de uma reflexão crítica de sua atuação e de seu referencial teórico-metodológico, que não atendia mais aos anseios da profissão. Os profissionais buscavam uma identidade profissional, seu objeto de trabalho e seu espaço no mundo do trabalho.

> Suas expectativas e desejos voltavam-se para a busca da identidade profissional do serviço social e sua legitimação no mundo capitalista. Para tanto, uma nova proposta teórico-ideológica deveria alicerçar o ensino da profissão, originando uma prática não assistencialista, mas transformadora, comprometida com as classes populares. Quando o modelo filosófico elaborado por Karl Marx, passou a embasar o referencial teórico-metodológico do serviço social, o chamado materialismo Histórico Dialético. (Piana, 2009, p. 96)

Essa mudança permitiu que diversos conceitos fossem questionados: o conservadorismo profissional, o lugar do assistente social na sociedade capitalista e a quem o serviço deve ser destinado.

A clareza de seu papel na sociedade veio com a apropriação do referencial teórico marxiano. Na perspectiva de uma ruptura com o conservadorismo, é ele que passará a direcionar os debates profissionais a partir do Movimento de Reconceituação. Nota-se um aumento nas produções acadêmicas, efeito do crescimento no número de cursos de mestrado e doutorado na área. A autorreflexão no serviço social começava a ser mais frequente.

> Na acumulação teórica operada pelo Serviço Social é notável o fato de, naquilo que ela teve e tem de maior relevância, incorporar matrizes teóricas e metodológicas compatíveis com a ruptura com o

conservadorismo profissional – nela se empregaram abertamente vertentes críticas, destacadamente as inspiradas na tradição marxista. Isto significa que, também no plano da produção de conhecimentos, instaurou-se um pluralismo que permitiu a incidência, nos referenciais cognitivos dos assistentes sociais, de concepções teóricas e metodológicas sintonizadas com os projetos societários das massas trabalhadoras (ou seja: de concepções teóricas e metodológicas capazes de propiciar a crítica radical das relações econômicas e sociais vigentes). (Netto, 2001, p. 12)

Esse referencial, principalmente nos anos 1980 e 1990, incorporando discussões sobre o processo de formação e exercício profissional, permearia

> as ações voltadas à formação de assistentes sociais na sociedade brasileira (o currículo de 1982 e as atuais diretrizes curriculares); os eventos acadêmicos e aqueles resultantes da experiência associativa dos profissionais, como suas convenções, congressos, encontros e seminários; estará presente na regulamentação legal do exercício profissional e em seu Código de Ética. (Yazbek, 2000, p. 26)

Tal postura política foi a marca dos debates até a atualidade. O Oriente ainda é referencial marxiano, que serve de base às legislações implantadas desde então. Assim, no final dos anos 1980 e início dos anos 1990, o novo direcionamento teórico e político começou a ser evidenciado no código de ética profissional, nas leis regulamentares e nas diretrizes curriculares do serviço social.

> Ainda nos anos oitenta, as vanguardas profissionais procuraram consolidar estas conquistas com a formulação de um novo Código de Ética Profissional, instituído em 1986. Até então, o debate da ética no Serviço Social não era um tema privilegiado – é na sequência do Código de 1986, e após a sua revisão, concluída em 1993, que este tema ganhará relevo significativo [...]. O novo Código incorporou tanto a acumulação teórica realizada nos últimos vinte anos pelo corpo profissional quanto os novos elementos trazidos ao debate ético pela urgência da própria revisão. Neste sentido, o Código de Ética Profissional de 1993 é um momento basilar do processo de construção do projeto ético-político do serviço social no Brasil (Netto, 2001, p. 14-15).

Além disso, o código de ética assinalou um avanço, na medida em que busca superar o conservadorismo e a neutralidade profissional. O serviço social passou a reconhecer seu papel na defesa da classe trabalhadora. A atuação foi desenhada após uma reflexão crítica, pautada pelo referencial marxiano. Tal posicionamento político representou uma guinada. Até então, o atuante na área não tinha clareza de sua importância no contexto capitalista, mas passou a ter uma fonte de consulta que revela o nível de comprometimento necessário para o atendimento às demandas e aos direitos dos trabalhadores.

> A dimensão política do projeto é claramente enunciada: ele se posiciona a favor da equidade e da justiça social, na perspectiva da universalização do acesso a bens e a serviços relativos às políticas e programas sociais; a ampliação e a consolidação da cidadania são explicitamente postas como garantia dos direitos civis, políticos e sociais das classes trabalhadoras. Correspondentemente, o projeto se declara radicalmente democrático – considerada a democratização como socialização da participação política e socialização da riqueza socialmente produzida. (Netto, 2001, p. 16)

Importante!

Explicitamos a negação da neutralidade e do conservadorismo profissional e a preocupação com a classe trabalhadora. O que se precisa buscar é a garantia de acesso a direitos, a políticas sociais, à cidadania, à equidade e à justiça social. Passaremos a ter, então, um assistente social que compreende criticamente a realidade, os antagonismos de classes, as expressões da questão social e planeja seu exercício profissional pautado no atendimento de qualidade das demandas dos usuários.

Tal construção possibilita um olhar ampliado do assistente social, que começa a entender a realidade do usuário para além da culpabilização. O serviço social analisa a conjuntura do modelo socioeconômico, as expressões da questão social e reflete sobre as possibilidades de resposta.

> Do ponto de vista estritamente profissional, o projeto implica o compromisso com a competência, que só pode ter como base o aperfeiçoamento intelectual do assistente social. Daí a ênfase numa formação acadêmica qualificada, fundada em concepções teórico metodológicas críticas e sólidas, capazes de viabilizar uma análise concreta da realidade social – formação que deve abrir a via à preocupação com a (auto)formação permanente e estimular uma constante preocupação investigativa. Em especial, o projeto prioriza uma nova relação com os usuários dos serviços oferecidos pelos assistentes sociais: é seu componente elementar o compromisso com a qualidade dos serviços prestados à população, aí incluída a publicidade dos recursos institucionais, instrumento indispensável para a sua democratização e universalização e, sobretudo, para abrir as decisões institucionais à participação dos usuários. (Netto, 2001, p. 16)

Mesmo em um contexto tão contraditório como o capitalista, o serviço social se propõe a discutir sobre a desigualdade desse sistema e, ainda, levanta a bandeira de defesa de direitos dos usuários. Tal posicionamento passa a sugestionar as produções acadêmicas e os marcos legislativos.

Influenciada pela construção do código de ética de 1993, as diretrizes curriculares de 1996 incluíram a dimensão política do assistente social. A preocupação central era pensar a formação do profissional vinculando-o à dimensão política nos debates acadêmicos. Assim, busca-se a construção de uma identidade profissional com

> capacitação teórico-metodológica, ético-política e técnico-operativa para a apreensão teórico-crítica do processo histórico como totalidade. Considerando a apreensão das particularidades da constituição e desenvolvimento do capitalismo e do Serviço Social na realidade brasileira. Além da percepção das demandas e da compreensão do significado social da profissão; e o desvelamento das possibilidades de ações contidas na realidade e no exercício profissional que cumpram as competências e atribuições legais. (Abepss, 2014, p. 2-3)

Nota-se a preocupação da Associação Brasileira de Ensino e Pesquisa em Serviço Social (Abepss) em expandir as discussões do código de ética para as diretrizes curriculares e a atuação prática.

A dimensão política do serviço social foi imprescindível para o crescimento profissional. Porém, os desafios diários permanecem. Como vimos, o viés neoliberal busca reduzir direitos e políticas sociais para população – um movimento que contrasta e conduz nossa profissão à dimensão política. O assistente social equilibra-se diariamente entre limites institucionais, políticos e econômicos. Sua atuação comprometida com a classe trabalhadora é constantemente ameaçada.

> Do ponto de vista neoliberal, defender e implementar este projeto ético-político é sinal de 'atraso', de 'andar na contramão' da história. É evidente de a preservação e o aprofundamento deste projeto, nas condições atuais, que parecem e são tão adversas, dependem da vontade majoritária do corpo profissional – porém não só dela: também dependem vitalmente do fortalecimento do movimento democrático e popular, tão pressionado e constrangido nos últimos anos. (Netto, 2001, p. 19)

É preciso encarar esse desafio com muito comprometimento profissional para fugir das armadilhas do conservadorismo, do assistencialismo e do improviso. Com o aprofundamento teórico marxiano e as legislações decorrentes, a direção a seguir é em busca do atendimento crítico e de qualidade às classes trabalhadoras.

Síntese

Encerramos esta obra com a análise das consequências do modo de produção capitalista para o serviço social. Percebemos que as transformações societárias influenciaram diretamente o serviço social, que é histórico, ou seja, vinculado à realidade na qual está inserido. E tal como a própria profissão, a questão social também é resvalada pelas relações capitalistas. Nesse sentido, é essencial entender o contexto histórico e a realidade para o desenvolvimento de uma atuação crítica e condizente com as reais demandas dos usuários.

O processo de desenvolvimento do capitalismo, com suas transformações constantes e relações contraditórias, aprofunda as desigualdades sociais, econômicas, culturais – as expressões da questão social, portanto. O profissional precisará encontrar respostas para essas contradições, garantindo o cumprimento dos direitos dos usuários.

Também salientamos a ligação imbricada entre o modo de produção capitalista e o serviço social. Logo, o capital influencia e traz determinações sobre a conjuntura da sociedade, o que interfere diretamente na construção da profissão, inclusive em seu exercício profissional.

Por fim, destacamos que o serviço social conquistou avanços significativos ao se posicionar politicamente diante de classes antagônicas a partir dos anos 1980 e 1990. Passou a defender as demandas, os interesses e os direitos da classe trabalhadora. Contudo, esse posicionamento político trouxe desafios profundos para a profissão, uma vez o projeto se contrapõe à lógica desigual do capitalismo.

Para saber mais

CASTEL, R. **As metamorfoses da questão social**. São Paulo: Vozes, 2015.

Castel aborda a história dos assalariados e dos que vivem à margem do sistema capitalista, que pouco ou nada consomem. Além disso, a obra possibilita aos leitores a realização de um resgate histórico a partir da análise da situação dos trabalhadores da Idade Média aos dias atuais, privilegiando as diferenças e semelhanças entre a vulnerabilidade das massas.

CIDADE DE DEUS. Direção: Fernando Meirelles, Kátia Lund. Brasil: Miramax. 2002. 127 min.

Conhecida e importante obra do cinema brasileiro, o filme traz exemplos de expressões da questão social na realidade brasileira. O longa-metragem, produzido com base no livro de Paulo Lins, apresenta o cotidiano das comunidades cariocas, revelando como o poder paralelo do crime organizado nasceu e dominou algumas regiões do Rio de Janeiro.

IAMAMOTO, M. V. **Serviço social em tempo de capital fetiche**: capital financeiro, trabalho e questão social. São Paulo: Cortez, 2008.

O livro apresenta uma análise da profissão no processo de (re)produção das relações sociais no movimento global do capital. É uma ótima sugestão para quem busca entender o impacto do capitalismo para a questão social e, consequentemente, para o serviço social. A autora oferece os subsídios para compreender o que ela chama de "questão social no tempo do capital fetiche". Trata-se de uma leitura atual e rica na área do serviço social.

PIMENTEL, E. **Uma "nova questão social"?** Raízes materiais e humano-sociais do pauperismo de ontem e hoje. Maceió: Edufal, 2007.

Trata-se de uma análise atual sobre a possibilidade de existir uma "nova" questão social ou, no mínimo, um aprofundamento das questões tradicionais. O livro apresenta os fundamentos da questão social, resgatando a origem da relação capital-trabalho que determina as condições materiais de existência da classe trabalhadora.

SANTOS, J. S. **Questão social**: particularidades no Brasil. São Paulo: Cortez, 2012. v. 6.

O livro de Santos apresenta os fenômenos constitutivos da chamada "questão social", que se reproduzem no tempo presente com intensidade e volume desconhecidos em outras épocas. A autora fundamenta-se na crítica da economia política, tratando a questão social como parte da dinâmica capitalista e das lutas sociais contra a exploração do trabalho.

TELLES, V. da S. Questão social: afinal, do que se trata?. **São Paulo em Perspectiva**, v. 10, n. 4, 1996. Disponível em: <http://produtos.seade.gov.br/produtos/spp/v10n04/v10n04_10.pdf>. Acesso em: 23 jun. 2019.

A discussão sobre a questão social, o capitalismo e sua relação com o serviço social está presente no artigo Questão social: afinal, do que se trata?, *de Vera da Silva Telles. A análise da autora apresenta alguns impactos sobre o debate da questão social e equívocos inerentes a essa terminologia. Trata-se de uma ótima leitura para descortinar o verdadeiro significado da questão social.*

Questões para revisão

1. Com base na discussão sobre o capitalismo, a questão social e o serviço social, comente a seguinte afirmação: "A desigualdade é condição para a existência do desenvolvimento do capitalismo".

2. Aponte a diferença entre *questão social* e *questões sociais*.

3. Analise as afirmativas a seguir e marque V para as verdadeiras e F para as falsas.
   ( ) A pauperização é uma consequência necessária para o desenvolvimento do capitalismo.
   ( ) O capitalismo arquiteta-se com base na contradição existente entre capital e trabalho, e a questão social surge como elemento crucial de sua manutenção.
   ( ) A questão social, termo histórico e dinâmico, indica que as particularidades de cada contexto trarão implicações para a temática.
   ( ) O assistente social deve reconhecer a questão social como objeto direto de seu trabalho nas perspectivas crítica e reflexiva.
   Agora, assinale a alternativa que apresenta a sequência correta:
   a) V, V, F, V.
   b) V, F, V, F.
   c) V, V, V, V.
   d) F, V, V, V.

4. Analise as afirmativas a seguir e marque V para as verdadeiras e F para as falsas.

( ) Nas sociedades baseadas no modo asiático, havia possibilidade, embora mínima, de mobilidade social, ou seja, uma pessoa poderia mudar de posição social ao longo de sua vida.

( ) No modo de produção primitivo, tanto os meios de produção quanto os frutos do trabalho eram propriedade coletiva, e as relações sociais baseavam-se na cooperação (homens e mulheres trabalhavam de forma compartilhada).

( ) No modo de produção asiático, o Estado era descentralizado, pois cada região tinha um sistema de governo com soberania.

( ) O feudalismo foi marcado pela divisão social e hierárquica, além de econômica. Os senhores feudais eram os donos das terras e extraíam excedente dos camponeses mediante coerção.

Agora, assinale a alternativa que apresenta a sequência correta:
a) V, V, F, V.
b) V, F, F, F.
c) F, V, V, V.
d) F, V, F, V.

5. Assinale V para afirmações verdadeiras e F para as falsas:

( ) O surgimento e o desenvolvimento do serviço social como profissão são resultados das demandas da sociedade socialista.

( ) O serviço social precisa conhecer a realidade e os fatores históricos, econômicos, culturais e políticos de uma sociedade.

( ) A dimensão política voltada à classe trabalhadora remonta o serviço social após o Movimento de Reconceituação.

( ) A dimensão política do serviço social surge para combater o conservadorismo da profissão.

Agora, assinale a alternativa que apresenta a sequência correta:
a) F, V, V, V.
b) F, V, F, V.
c) V, V, V, V.
d) F, V, V, F.

Questão para reflexão

1. Leia o trecho do texto a seguir e comente como o serviço social atua no que se refere às expressões da questão social.

> **Questão social: objeto do Serviço Social?**
>
> Portanto, a questão social é uma categoria que expressa a contradição fundamental do modo capitalista de produção. Contradição, esta, fundada na produção e apropriação da riqueza gerada socialmente: os trabalhadores produzem a riqueza, os capitalistas se apropriam dela. É assim que o trabalhador não usufrui das riquezas por ele produzidas.
>
> A questão social representa uma perspectiva de análise da sociedade. Isto porque não há consenso de pensamento no fundamento básico que constitui a questão social. Em outros termos, nem todos analisam que existe uma contradição entre capital e trabalho. Ao utilizarmos, na análise da sociedade, a categoria questão social, estamos realizando uma análise na perspectiva da situação em que se encontra a maioria da população – aquela que só tem na venda de sua força de trabalho os meios para garantir sua sobrevivência. É ressaltar as diferenças entre trabalhadores e capitalistas, no acesso a direitos, nas condições de vida; é analisar as desigualdades e buscar forma de superá-las. É entender as causas das desigualdades, e o que essas desigualdades produzem, na sociedade e na subjetividade dos homens. [...]
>
> Como toda categoria arrancada do real, nós não vemos a questão social, vemos suas expressões: o desemprego, o analfabetismo, a fome, a favela, a falta de leitos em hospitais, a violência, a inadimplência, etc. [...]

> Neste terreno contraditório entre a lógica do capital e a lógica do trabalho, a questão social representa não só as desigualdades, mas, também, o processo de resistência e luta dos trabalhadores. Por isto ela é uma categoria que reflete a luta dos trabalhadores, da população excluída e subalternizada, na luta pelos seus direitos econômicos, sociais, políticos, culturais. [...]

Fonte: Machado, 1999, p. 1-3

Estudo de caso

Para refletir sobre uma questão prática, adotaremos como exemplo a política de saúde da Constituição Federal de 1988. O art. 196 pressupõe a universalidade, observe:

> Art. 196. A saúde é direito de todos e dever do Estado, garantido mediante políticas sociais e econômicas que visem à redução do risco de doença e de outros agravos e ao acesso universal e igualitário às ações e serviços para sua promoção, proteção e recuperação. (Brasil, 1988)

Com o aprofundamento do capitalismo, a política da saúde tem se tornado um desafio na atuação do assistente social.

Pensar e realizar uma atuação competente e crítica do Serviço Social na área da saúde consiste em:

- estar articulado e sintonizado ao movimento dos trabalhadores e de usuários que lutam pela real efetivação do SUS;

- conhecer as condições de vida e trabalho dos usuários, bem como os determinantes sociais que interferem no processo saúde-doença;
- facilitar o acesso de todo e qualquer usuário aos serviços de saúde da instituição e da rede de serviços e direitos sociais, bem como de forma compromissada e criativa não submeter à operacionalização de seu trabalho aos rearranjos propostos pelos governos que descaracterizam a proposta original do SUS de direito, ou seja, contido no projeto de Reforma Sanitária;
- buscar a necessária atuação em equipe, tendo em vista a interdisciplinaridade da atenção em saúde;
- estimular a intersetorialidade, tendo em vista realizar ações que fortaleçam a articulação entre as políticas de seguridade social, superando a fragmentação dos serviços e do atendimento às necessidades sociais;
- tentar construir e/ou efetivar, conjuntamente com outros trabalhadores da saúde, espaços nas unidades que garantam a participação popular e dos trabalhadores de saúde nas decisões a serem tomadas;
- elaborar e participar de projetos de educação permanente, buscar assessoria técnica e sistematizar o trabalho desenvolvido, bem como realizar investigações sobre temáticas relacionadas à saúde;
- efetivar assessoria aos movimentos sociais e/ou aos conselhos a fim de potencializar a participação dos sujeitos sociais contribuindo no processo de democratização das políticas sociais, ampliando os canais de participação da população na formulação, fiscalização e gestão das políticas de saúde, visando ao aprofundamento dos direitos conquistados. (CFESS, 2010, p.30)

Nesse sentido, o assistente social deve facilitar o acesso à política de saúde e à garantia da qualidade no atendimento. Contudo, em meio ao contexto capitalista, notamos o desmonte das políticas sociais, que impactam diretamente o cotidiano profissional.

Para refletirmos melhor acerca disso, apresentaremos algumas situações para que você comece a refletir como um assistente social. Pense sobre os limites e possibilidades de sua atuação diante do aprofundamento do sistema capitalista com base na notícia do jornal *O Estado de S. Paulo*, divulgada em agosto de 2017, a seguir reproduzida.

Sem atendimento no SUS, paciente recorre a empréstimo para pagar cirurgia

A queda nas internações nos três principais hospitais do SUS da capital paulista–os Hospitais São Paulo, das Clínicas e a Santa Casa de Misericórdia–também tem dificultado a vida de pacientes que precisam de cirurgia ou atendimento de urgência na cidade.

Com dor de cabeça e problemas na visão, a auxiliar de administração Gisele Celso, de 34 anos, procurou o pronto-socorro do Hospital São Paulo no início do mês, mas foi informada de que a unidade estava atendendo apenas emergências.

Segundo conta a mãe da paciente, a auxiliar de limpeza Maria Amélia Celso, de 52 anos, o atendimento só foi feito após a filha "brigar" com os profissionais do local, exigindo que passasse pelo menos por um exame. A tomografia acabou detectando um tumor no cérebro, e a paciente foi internada.

Antes de passar pela cirurgia para remoção da lesão, Gisele ainda ficou quatro dias internada no corredor do hospital. "É triste, mas é melhor que ela fique no corredor do que não ter onde ficar", diz a mãe da paciente. O Estado não conseguiu mais contato com a paciente após o dia 10, data da cirurgia.

Já o comerciante Isin Pereira da Silva, de 64 anos, ficou um ano e quatro meses na fila de espera para uma cirurgia de catarata no HSP, mas, sem conseguir passar pelo procedimento, procurou uma clínica particular. "Eu praticamente não estava enxergando", afirmou.

Para pagar o procedimento, no valor de R$ 7,5 mil, a família precisou pedir um empréstimo de R$ 4 mil. "A gente se mobilizou, juntou todo mundo. Uma parte passou no cartão, outra fez o consignado", disse a balconista Cláudia Pereira da Silva, de 35 anos, filha do comerciante.

Paciente do Hospital das Clínicas, a gerente de vendas Edna Paiva, de 62 anos, está há um ano na fila para fazer a segunda etapa de um procedimento cirúrgico relativo a um cálculo renal. "Primeiramente implodiram as pedras no rim e tinham de, em seguida, fazer a cirurgia para removê-las, mas estou esperando desde novembro", conta. A assessoria do hospital informou que a cirurgia seria realizada até o fim deste mês.

Fonte: Cambricoli; Resk; Fukuda, 2017.

Para concluir...

Encerrada nossa trajetória, podemos, agora, perceber com mais clareza as implicações do sistema capitalista para o serviço social. Começamos nossa retrospectiva pelos modos de produção pré-capitalistas, buscando entender o desenvolvimento histórico até a consolidação do capitalismo. Para isso, analisamos os modos de produção primitivo, asiático e feudal, apontando as formas de organização social e econômica dessas sociedades, bem como a atuação do Estado e seu papel em cada uma delas.

Também abordamos o sistema feudal, que representou um período de mudanças na sociedade e de transição para a economia moderna. Destacamos como o sistema feudal entrou em crise no século XIV: citamos a ascensão da burguesia nas cidades medievais, que favoreceu as trocas comerciais; a crise no campo; as revoltas camponesas; e a peste negra, que levou a uma movimentação para os espaços urbanos. Nesse contexto, senhores feudais e burgueses em ascensão viram a necessidade de traçar estratégias de desenvolvimento de suas estruturas econômicas, tornando o espaço urbano o ponto central para a consolidação do sistema econômico capitalista.

Foi justamente a crise do sistema feudal que propiciou o nascimento do sistema econômico capitalista. Tratamos das três fases essenciais desse sistema: o capitalismo comercial ou mercantilismo, o capitalismo industrial ou industrialismo, e o capitalismo financeiro ou monopolista. Posteriormente, propusemos o debate sobre a ascensão do capitalismo no Brasil, suas principais características e sua dinâmica. Apresentamos o sistema capitalista no contexto mundial e brasileiro para, em seguida, discutir a relação com o serviço social. Percebemos as especificidades históricas do capitalismo no Brasil, o colonialismo, a produção agroexportadora, a industrialização tardia, a ditadura, a democracia e o neoliberalismo. Demonstramos que o capitalismo não se desenvolveu de forma homogênea mundialmente, mas com características peculiares de cada país e segundo seu contexto histórico, social, político e econômico.

Por fim, examinamos as implicações desse sistema para a atuação política do serviço social. Identificamos os desencadeamentos do capitalismo para a sociedade, para a atuação do assistente social e para a questão social. Ainda, apontamos a relevância da dimensão política do serviço social diante da conjuntura capitalista. Buscamos ressaltar o desafio constante de manter uma clareza dessa dimensão política e de seu comprometimento com a classe trabalhadora.

Esperamos ter propiciado ampla reflexão crítica sobre o desenvolvimento capitalista e o serviço social. O desenvolvimento de uma atuação de qualidade, crítica e comprometida politicamente com a classe trabalhadora exige do assistente social conhecer a realidade, o contexto histórico e as implicações do sistema capitalista. A partir deste debate inicial sobre o desenvolvimento capitalista e o serviço social, desejamos possibilitar e estimular novas abordagens de pesquisa e prática aos interessados pela temática.

Nosso intuito aqui também foi contribuir para a *práxis* profissional de assistentes sociais, no sentido de explicitar as implicações do sistema capitalista para o serviço social e para as manifestações da questão social. A ideia é que alunos e profissionais da área sintam-se estimulados a lançar pesquisas, assim como aprofundar as discussões sobre a temática do livro. Evidentemente, esta obra não esgota o tema sobre o desenvolvimento capitalista e o serviço social. Procuramos, acima de tudo, incentivar novas possibilidades de estudo. Esperamos que o esforço conjunto de assistentes sociais, pesquisadores e legisladores construa um serviço social mais crítico e fortalecido politicamente.

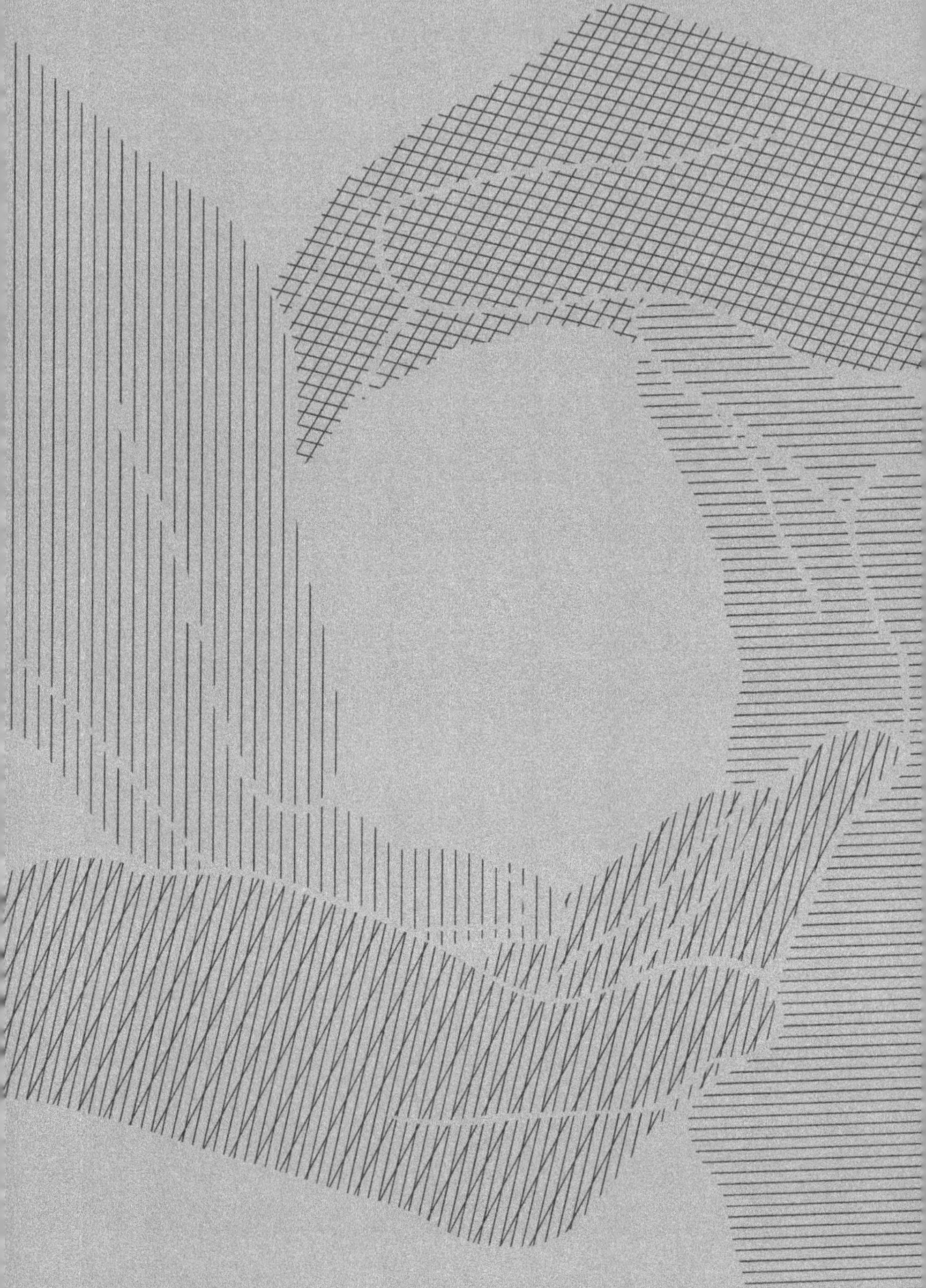

Referências

ABEPSS – Associação Brasileira de Ensino e Pesquisa em Serviço Social. **Estágio supervisionado em serviço social**: desfazendo os nós e construindo alternativas. Projeto ABEPSS Itinerante. Mimeo, 2014.

_____. Proposta básica para o projeto de formação profissional. **Serviço Social e Sociedade**, São Paulo, ano 17, n. 50. p. 143-171, 1996.

ALENCAR, M. M. T. de. O trabalho do assistente social nas organizações privadas não lucrativas. **Serviço social**: direitos sociais e competências profissionais. Brasília: CFESS/ABEPSS, 2009. Disponível em: <http://www.cressrn.org.br/files/arquivos/4UkPUxY8i39jY49rWvNM.pdf>. Acesso em: 16 jun. 2019.

ALVES, I. G. Da caridade ao *welfare state*: um breve ensaio sobre os aspectos históricos dos sistemas de proteção social ocidentais. **Ciência e Cultura**, São Paulo, v. 67, n. 1, jan./mar., 2015.

ANDERSON, P. Balanço do neoliberalismo. In: SADER, E.; GENTILI, P. (Org.). **Pós-neoliberalismo**: as políticas sociais e o Estado democrático. Rio de Janeiro: Paz e Terra, 1995.

_____. O modo de produção feudal. In: _____. **Passagens da antiguidade ao feudalismo**. Porto: Afrontamento, 1982. p. 163-192.

ANTUNES, J. **Marx e o último Engels**: o modo de produção asiático e a origem do etapismo na teoria da história marxista. 2009. Disponível em: <http://www.unicamp.br/cemarx/anais_v_coloquio_arquivos/arquivos/comunicacoes/gt1/sessao3/Jair_Antunes.pdf>. Acesso em: 15 jun. 2019.

AUGUSTO, A. G.; MIRANDA, F. F. de; CORRÊA, H. F. de S. **O modo de produção asiático e os povos não-históricos em Marx**. In: CONGRESSO BRASILEIRO DE HISTÓRIA ECONÔMICA, 11., 2015, Vitória, **Anais...** Vitória: ABPHE; UFES, 2015. Disponível em: <http://www.abphe.org.br/arquivos/2015_andre_guimaraes_augusto_flavio_miranda_hugo_figueira_souza_correa_o-modo-de-producao-asiatico-e-os-povos-nao_historicos-em-marx.pdf>. Acesso em: 15 jun. 2019.

BBC News Brasil. **Fiscalização flagra trabalho escravo e infantil em marca de roupas de luxo em SP**. 20 jun. 2016. Disponível em: <https://www.terra.com.br/vida-e-estilo/moda/fiscalizacao-flagra-trabalho-escravo-e-infantil-em-marca-de-roupas-de-luxo-em-sp,2c8dcf32313bcd7052ea4d80dc64d60fstskfnfb.html>. Acesso em: 15 jun. 2019.

BEGHIN, N; PELIANO, A. M. T. M. (Coord.). **A iniciativa privada e o espírito público**: um retrato da ação das empresas no Brasil. Brasília: Ipea, 2003.

BEHRING, M. O. da S.; BOSCHETTI, I. **Política social**: fundamentos e história. 2. ed. São Paulo: Cortez, 2007.

BOCCHINI, B. Milagre para uns, crescimento da economia foi retrocesso para maioria. **Agência Brasil**, 31 mar. 2014. Disponível em: <http://agenciabrasil.ebc.com.br/politica/noticia/2014-03/milagre-para-uns-crescimento-da-economia-foi-retrocesso-para-maioria>. Acesso em: 15 jun. 2019.

BOBBIO, N.; MATTEUCCI, N.; PASQUINO, G. **Dicionário de política**. Tradução de Carmen C. Varriale, Caetano Lo Mônaco, João Ferreira, Luís Guerreiro Pinto Cacais e Renzo Dini. 11. ed. Brasília: Ed. da UnB, 1998. v. 1.

BRAGUETO, C. R. **Desenvolvimento do capitalismo no Brasil e industrialização**. 2008. Disponível em: <http://www.uel.br/cce/geo/didatico/claudio/texto%2013%20desenvolvimento%20do%20capitalismo%20no%20Brasil%20e%20industrializa%e7%e3o.pdf>. Acesso em: 15 jun. 2019.

BRASIL. Câmara dos deputados. As frases de José Sarney e Ulysses Guimarães, dois personagens marcantes na elaboração da Constituição de 1988. **Câmara Hoje**, 2013. Disponível em: <http://www2.camara.leg.br/camaranoticias/tv/materias/CAMARA-HOJE/453397-AS-FRASES-DE-JOSE-SARNEY-E-ULYSSES-GUIMARAES,-DOIS-PERSONAGENS-MARCANTES-NA-ELABORACAO-DA-CONSTITUICAO-DE-1988.html>. Acesso em: 15 jun. 2019.

BRASIL. Constituição (1988). **Diário Oficial da União**, Brasília, DF, 5 out. 1988.

BRASIL. Lei n. 9.637, de 15 de maio de 1998. **Diário Oficial da União**, Poder Executivo, Brasília, DF, 15 maio 1998. Disponível em: <http://www.planalto.gov.br/ccivil_03/leis/L9637.htm>. Acesso em: 15 jun. 2019.

BRASIL. Lei n. 9.790, de 23 de março de 1999. **Diário Oficial da União**, Poder Executivo, Brasília, DF, 23 mar. 1999. Disponível em: <http://www.planalto.gov.br/ccivil_03/leis/l9790.htm>. Acesso: 15 jun. 2019.

BRASIL. Senado Federal. Constituição que devolveu democracia ao país completa 20 anos em dia de eleição. **Senado Notícias**, 2 out. 2008. Disponível em: <https://www12.senado.leg.br/noticias/materias/2008/10/02/constituicao-que-devolveu-democracia-ao-pais-completa-20-anos-em-dia-de-eleicao>. Acesso em: 15 jun. 2019.

CAMARGO, J. M. Do "milagre econômico" à "marcha forçada" (1968-1980). In: PIRES, M. C. **Economia brasileira**: da colônia ao governo Lula. São Paulo: Saraiva, 2010.

CAMBRICOLI, F.; RESK, F.; FUKUDA, N. Sem atendimento no SUS, paciente recorre a empréstimo para pagar cirurgia. **O Estado de S. Paulo**, 29 ago. 2017. Disponível em: <https://noticias.uol.com.br/saude/ultimas-noticias/estado/2017/08/29/sem-atendimento-no-sus-paciente-recorre-a-emprestimo-para-pagar-cirurgia.htm>. Acesso em: 16 jun. 2019.

CASTEL, R. et al. **Desigualdade e a questão social**. 2. ed. São Paulo: EDUC, 2000.

CAVALCANTE, Z. V.; SILVA, M. L. S. da. A importância da revolução industrial no mundo da tecnologia. In: ENCONTRO INTERNACIONAL DE PRODUÇÃO CIENTÍFICA CESUMAR, 7., 2011, Maringá. **Anais**... Maringá: Cesumar, 2011. Disponível em: <https://www.unicesumar.edu.br/epcc-2011/wp-content/uploads/sites/86/2016/07/zedequias_vieira_cavalcante2.pdf>. Acesso em: 15 jun. 2019.

CFESS – Conselho Federal de Serviço Social. **Parâmetros para a atuação de assistentes sociais na saúde**. Brasília, 2010.

CORSI, F. L. A criação das bases da industrialização (1930-1945). In: PIRES, M. C. **Economia brasileira**: da colônia ao governo Lula. São Paulo: Saraiva, 2010.

DAGNINO, E. ¿Sociedade civil, participação e cidadania: de que estamos falando? In: MATO, D. (Coord.), **Políticas de ciudadania y sociedad civil em tiempos de globalización**. Caracas: Faces; Universidad Central de Venezuela, 2004. p. 95-110.

DATHEIN, R. **Inovação e revoluções industriais**: uma apresentação das mudanças tecnológicas determinantes do século XVIII e XIX. Publicações Decon/UFRGS, fev. 2003. Disponível em: <https://lume-re-demonstracao.ufrgs.br/artnoveau/docs/revolucao.pdf>. Acesso em: 15 jun. 2019.

DRAIBE, S. M. As políticas sociais e o neoliberalismo: reflexões suscitadas pelas experiências latino-americanas. **Revista USP**, n. 17, p. 86-101, São Paulo, 1993.

_____. Brasil 1980-2000: proteção e insegurança sociais em tempos difíceis. **Caderno de Pesquisa, Núcleo de Estudos de Políticas Públicas**, Campinas, SP, n. 65, 2005. Disponível em: <https://www.nepp.unicamp.br/biblioteca/periodicos/issue/view/26/CadPesqNepp65>. Acesso em: 16 jun. 2019.

DUPAS, G. **Tensões contemporâneas entre o público e o privado.** São Paulo: Paz e Terra, 2003.

FAUSTO, B. **História do Brasil.** São Paulo: Edusp, 1996.

FAUUSP – Faculdade de Arquitetura e Urbanismo da Universidade de São Paulo. **Cercamentos:** versão preliminar. 2015. Disponível em: <http://www.fau.usp.br/docentes/depprojeto/c_deak/CD/4verb/cercamentos/index.html>. Acesso em: 16 jun. 2019.

FIGUEIREDO, J. R. **Retomando uma velha polêmica:** modos de produção na história do Brasil. 2005. Disponível em: <http://www.unicamp.br/cemarx/ANAIS%20IV%20COLOQUIO/comunica%E7%F5es/GT2/gt2m3c4.pdf>. Acesso em: 16 jun. 2019.

FISCHER, R. M. Estado, mercado e terceiro setor: uma análise conceitual das parcerias intersetoriais. **Revista Adm.**, São Paulo, v. 40, n. 1, p. 5-18, jan./fev./mar. 2005.

FONSECA. F. Democracia e participação no Brasil: descentralização e cidadania face ao capitalismo contemporâneo. **Revista Katál**, Florianópolis, v. 10, n. 2, p. 245-255, jul./dez. 2007.

FRIEDMAN, M. **Capitalismo e liberdade.** 2. ed. São Paulo: Abril Cultural, 1985. (Coleção Os Economistas).

FURTADO, C. **O capitalismo global.** São Paulo: Paz e Terra, 1998.

GARCIA, R. V. Política fiscal e dívida pública: uma abordagem teórica a partir de Keynes e Abba Lerner. **Revista Problemas del Desarollo**, v. 41, n. 161, abr./jun. 2010.

GREMAUD, A. P. et al. **Economia brasileira contemporânea.** 7. ed. São Paulo: Atlas, 2011.

GUERRA, Y. A. A formação profissional frente aos desafios da intervenção e das atuais configurações do ensino, público, privado e a distância. **Revista Serviço Social & Sociedade.** São Paulo: Cortez, n. 104, out./dez. 2010.

GUERRA, Y. A. Formação profissional em serviço social: polêmicas e desafios. In: SILVA, J. F. S. da; SANT'ANNA, R. S.; LOURENÇO, E. A. de S. (Orgs.). **Sociabilidade burguesa e serviço social.** Rio de Janeiro: Lumen Juris, 2013.

HUBERMAN, L. **História da riqueza do homem.** Tradução de Waltensir Dutra. 21. ed. Rio de Janeiro: LTC, 1986.

HUNT, E. K. **História do pensamento econômico.** São Paulo: Elsevier, 2005.

IAMAMOTO, M. V. A formação acadêmico-profissional no Serviço Social brasileiro. **Serv. Soc. Soc.**, n. 120, p. 609-639, São Paulo, out./dez. 2014.

_____. A questão social no capitalismo. **Revista Temporalis**, ano 2, n. 3, Brasília, jan./jul. 2001.

_____. **O serviço social na contemporaneidade:** dimensões históricas, teóricas e ético-políticas. Fortaleza: CRESS/CE, Debate n. 6, 1997.

_____. **Serviço social em tempos de capital fetiche**: capital financeiro, trabalho e questão social. São Paulo: Cortez, 2007.

IAMAMOTO, M. V.; CARVALHO, R. de. **Relações sociais e serviço social no Brasil**: esboço de uma interpretação teórico-metodológica. São Paulo: Cortez, 2005.

IANNI. O. **Estado e planejamento econômico no Brasil**. (1930-1970). Rio de Janeiro: Civilização Brasileira, 1986.

JAMES, È. **Historia del pensamiento econômico em siglo XX**. Ciudad del México: Fondo de Cultura Económica, 1998.

LAURELL, A. C. La lógica de la privatización en salud. In: EIBENSCHUTZ, C. (Org.) **Política de saúde:** o público e o privado. Rio de Janeiro: Fiocruz, 1996.

LE MONDE DIPLOMATIQUE BRASIL. **A formação do capitalismo no Brasil**. 2010. Disponível em: <http://diplomatique.org.br/review/a-formacao-do-capitalismo-no-brasil/>. Acesso em: 15 jun. 2019.

LIMA, M. J. O. **As empresas familiares da cidade de Franca**: um estudo sob a visão do serviço social. São Paulo: Ed. da UNESP; Cultura Acadêmica, 2009.

LUKÁCS, G. Sociologia. In: NETTO, J. P. (Org.). **Grandes cientistas sociais**. São Paulo: Ática, 1992. n. 20.

MACHADO, E. M. Questão social: objeto do serviço social? **Serviço Social em Revista**, v. 2, n. 1, p. 39-47, jul./dez. 1999. Disponível em:<http://www.uel.br/revistas/ssrevista/n1v2.pdf>. Acesso em: 15 jun. 2019.

MANDEL, E. **O capitalismo tardio.** São Paulo: Nova Cultural, 1982.

MARX, K. **Formações econômicas pré-capitalistas**. 5. ed. Rio de Janeiro: Paz e Terra, 1986.

MARX, K. **O capital**: crítica da economia política. São Paulo: Nova Cultural, 1985.

MAZZEO, A. C. **Estado e burguesia no Brasil**: origens da autocracia burguesa. São Paulo: Cortez, 1988.

MELLO, J. M. C. de. **O capitalismo tardio**. 2. ed. São Paulo: Brasiliense, 1982.

MONTAÑO, C. **Terceiro setor e questão social**: crítica ao padrão emergente de intervenção social. São Paulo: Cortez, 2002.

MONTENEGRO, C. V; MELO, M. C. G. Capitalismo e questão social. **Periódico das ciências humanas e sociais**. Maceió, v. 2, n. 2. p. 13-24, nov. 2014.

NAVARRO, V. **Neoliberalismo y estado del bienestar**. 2. ed. Barcelona: Ariel, 1998.

NETTO, J. P. A construção do projeto ético-político do serviço social. **Serviço social e saúde**: formação e trabalho profissional. Brasília: CFESS; ABEPSS; CEAD; Ed. da UnB, 2001.

_____. Capitalismo e barbárie contemporânea. **Argumentum**, Vitória, v. 4, n.1, p. 202-222, jan./jun. 2012.

_____. **Capitalismo monopolista e serviço social**. 2. ed. São Paulo: Cortez, 1996.

_____. **Capitalismo monopolista e serviço social**. 8. ed. São Paulo: Cortez, 2011.

_____. Projeto ético-político do serviço social. **Serviço Social e Saúde**: formação e trabalho profissional. São Paulo: Cortez, 2006. p. 161-193.

NETTO, J. P.; BRAZ, M. **Economia política**: uma introdução crítica. São Paulo: Cortez, 2006.

O GUIA DOS CURIOSOS. 10 curiosidades sobre a Constituição Federal de 1988. Disponível em: <http://guiadoscuriosos.uol.com.br/categorias/2558/1/10-curiosidades-sobre-a-constituicao-de-1988.html>. Acesso em: 15 jun. 2019.

OLIVEIRA, F. Privatização do público, destituição da fala e anulação da política: o totalitarismo neoliberal. In: OLIVEIRA, F; PAOLI, M. C. (Org.). **Os sentidos da democracia**: políticas do dissenso e a hegemonia global. 2. ed. Petrópolis: Vozes; Brasília: Nedic, 2000. p. 55-81.

OLIVEIRA, R. C. de. **O silêncio dos vencedores**: genealogia, classe dominante e estado no Paraná. Curitiba: Moinho do Verbo, 2001.

PAULANI, L. M Neoliberalismo e individualismo. **Economia e sociedade**, Campinas, v. 8, n. 2, 1999. Disponível em: <http://periodicos.sbu.unicamp.br/ojs/index.php/ecos/article/view/8643138/10688>. Acesso em: 15 jun. 2019.

PEDRERO-SANCHEZ, M. G. **História da idade média**. São Paulo: Ed. da Unesp, 2000.

PIANA, M. C. **A construção do perfil do assistente social no cenário educacional**. São Paulo: Ed. da UNESP; São Paulo: Cultura Acadêmica, 2009.

POCHMANN, M. **Capitalismo e desenvolvimento**. In: _____. Brasil sem industrialização: a herança renunciada. Ponta Grossa: Ed. da UEPG, 2016. p. 16-64.

PRADO JUNIOR, C. da S. **Formação do Brasil contemporâneo**: colônia. São Paulo: Brasiliense, 2000.

_____. **História econômica do Brasil**. 26. ed. São Paulo: Brasiliense, 1981.

RIBEIRO, J. C. A geografia do modo de produção comunista primitivo. **Revista Formação**, n. 14, v. 2, p. 23-34, 2007. Disponível em: <http://revista.fct.unesp.br/index.php/formacao/article/viewFile/643/657>. Acesso em: 15 abr. 2019.

ROCHA, A. P.; FAQUIN, E. S. Gestão da política educacional sob a égide de determinações políticas, ideológicas e econômicas do neoliberalismo. **Serviço Social em Revista**, v. 8, n. 2, 2006. Disponível em: <http://www.uel.br/revistas/ssrevista/c-v8n2_andrea.htm>. Acesso em: 15 jun. 2019.

SALES, M. A.; MATOS, M. C. de; LEAL, M. C. (Org.). **Política social, família e juventude**: uma questão de direitos. São Paulo: Cortez, 2004.

SANDRONI, P. **Dicionário de economia do século XXI**. 6. ed. Rio de Janeiro: Record, 2010.

SANTANA, L. D. T; SERRANO, A. L. M; PEREIRA, N. S. Seguridade social pós Constituição Federal 1988: avanços e desafios para implementação da política. In: JORNADA INTERNACIONAL DE POLÍTICAS PÚBLICAS DA UFMA, 6., 2013, São Luis.

Anais... São Luis: Ed. da UFMA. Disponível em: <http://www.joinpp.ufma.br/jornadas/joinpp2013/JornadaEixo2013/anais-eixo16-impassesedesafiosdas politicasdaseguridadesocial/pdf/seguridadesocialposconstituicaofederal1988avancosedesafios paraimplementacaodapolitica.pdf>. Acesso em: 15 jun. 2019.

SCHMIDT, J. A. C; SUGUIHIRO, V. L. T. Responsabilidade social empresarial: concretização, dilemas e possibilidades. **Serviço Social em Revista**, v. 10, n. 1, jul./dez. 2007.

SINGLY, F. de. **Sociologia da família contemporânea**. Tradução de Clarice Ehlers Peixoto. Rio de Janeiro: FGV, 2007.

SILVA, I. M. F da. Questão social e serviço social na formação sócio histórica brasileira. **Revista Temporalis**, Brasília, ano 13, n. 25, p. 261-278, jan./jun. 2013.

SILVA, K. V.; SILVA, M. H. **Dicionário de conceitos históricos**. 2. ed. São Paulo: Contexto, 2009. Disponível em: <https://efabiopablo.files.wordpress.com/2013/04/dicionc3a1rio-de-conceitos-histc3b3ricos.pdf>. Acesso em: 15 jun. 2019.

SOARES, L. T. **Os custos sociais do ajuste neoliberal na América Latina**. 3. ed. São Paulo: Cortez: 2009.

SOUZA, L. E. S. de.; PIRES, M. C. A economia escravista mercantil e o modelo primário-exportador (1808-1930). In: PIRES, M. C. **Economia brasileira:** da colônia ao governo Lula. São Paulo: Saraiva, 2010a. p. 27-62.

_____. A herança colonial. In: PIRES, M. C. **Economia brasileira**: da colônia ao governo Lula. São Paulo: Saraiva, 2010b. p. 1-26.

TAVARES, M. da C. **Da substituição de capitais ao capitalismo financeiro**. Rio de Janeiro: Zahar, 1972.

TELLES, V. S. Questão social: afinal, do que se trata? **Revista São Paulo em Perspectiva**, São Paulo, v. 10, n. 4, p. 85-95, out./dez. 1996.

VERISSIMO, M. P. A Constituição de 1988, vinte anos depois: Suprema Corte e ativismo judicial "à brasileira". **Revista Direito GV**, São Paulo, p. 407-440, jul./dez. 2008.

VICECONTI. P. E. V. O processo de industrialização brasileira. **Revista de Administração de Empresas**, Rio de Janeiro, n. 6, p. 33-43, nov./dez. 1977.

VIDIGAL, A. C; SUGUIHIRO, V. L. T. O processo de terceirização das políticas públicas. In: SIMPÓSIO ORÇAMENTÁRIO PÚBLICO E POLÍTICAS SOCIAIS, 1., 2012, Londrina. **Anais**... Londrina: Ed. da UEL 2012. Disponível em: <http://www.uel.br/eventos/orcamentopublico/pages/arquivos/O%20processo%20de%20terceirizacao%20das%20politicas%20publicas.pdf>. Acesso em: 15 jun. 2019.

VIEIRA, E. As políticas sociais e os direitos sociais no Brasil: avanços e retrocessos. **Revista Serviço Social e Sociedade**, São Paulo, ano XVIII, n. 53, p. 13-17, mar. 1997.

WEBER, M. **Ensaios de sociologia**. Rio de Janeiro: Guanabara Koogan, 1982.

WERNECK VIANNA, M. L. T.; AZEVEDO DA SILVA, B. Interpretação e avaliação da política social no Brasil: uma bibliografia comentada. In: **A política social em tempo de crise**: articulação institucional e descentralização. v. III. Brasília: MPAS/Cepal, 1989.

WOOD, E. M. **As origens agrárias do capitalismo**. 1998. Disponível em: <http://historiacap.pbworks.com/w/file/fetch/53619418/EllenWood.pdf> Acesso em: 15 jun. 2019.

YAZBEK, M. C. **O serviço social como especialização do trabalho coletivo**. Capacitação em Serviço Social e Política Social. Reprodução social, trabalho e Serviço Social. Brasília, DF: UnB, Centro de Educação Aberta, Continuada a Distância, módulo 2, p. 87-99, 2000.

Respostas

Capítulo 1

Questões para revisão

1. O servo não poderia ser considerado um escravo, pois não era vendido como uma mercadoria. Isto é, não era possível separá-lo de sua família nem de sua terra. Se houvesse a transferência da posse de um feudo, o servo passava simplesmente a ter outro senhor. Apesar disso, é importante considerar que os servos tinham muitas e pesadas obrigações. Dessa forma, estava longe de ser considerado livre.

2. A principal questão é a centralidade e a não centralidade quanto à atuação do Estado. No modo de produção asiático, o Estado (teocrático, despótico e burocrático) era centralizado, ou seja, o sistema de governo era concentrado. Já no feudalismo, o sistema de governo e a política não se concentravam em um único ponto, uma vez que as funções do Estado desagregavam-se em concessões verticais sucessivas. Assim, no feudalismo ocorria a "parcelarização" da soberania.
3. b.
4. d.
5. c.

Questão para reflexão

1. Você deve posicionar-se – sim ou não – e fundamentar sua resposta. Conforme o feudalismo declinava, grandes conflitos e revoltas causavam modificações profundas na estrutura organizacional das sociedades. São exemplos as revoltas camponesas que ocorreram no período final do feudalismo.

Capítulo 2:

Questões para revisão

1. O capitalismo comercial, também conhecido como *capitalismo mercantilista*, marcou a fase inicial (pré-capitalista). As características essenciais dessa fase foram a Revolução Comercial, a desintegração do feudalismo e a formação dos Estados Nacionais. O Estado era absolutista, e o comércio exterior era protecionista. A segunda fase, conhecida como *capitalismo industrial* ou *industrialismo*, foi caracterizada pelo somatório das transformações tecnológicas, econômicas e sociais. A produção tornou-se mecanizada, formou-se uma classe trabalhadora assalariada, que vendia sua força de trabalho em troca de remuneração fixa. Mais significativa, ainda, foi a ascensão dos capitalistas detentores dos meios de produção. Como inovações tecnológicas, é possível citar

o tear mecânico e a máquina de fiar movida a água. Nessa segunda fase, o Estado caracterizou-se por ser liberal, guiado pela "mão invisível" do mercado. A terceira fase, também denominada *capitalismo financeiro* ou *monopolista*, foi assinalada pelos monopólios (trustes, cartel, *holding*, oligopólio etc.) e pelos processos de especulação.

2. O Estado orientou-se segundo os princípios do liberalismo nos âmbitos político e econômico. Esse liberalismo configura-se pela autorregulação dos mercados. Cada indivíduo age livremente em prol de interesses próprios, produzindo um resultado não intencional que beneficia toda a sociedade. Isso abrange, inclusive, as classes mais baixas.

3. a.
4. c.
5. b.

Questão para reflexão

1. Não existe uma resposta correta, mas a ideia é que você seja capaz de identificar os problemas do capitalismo, como a busca constante por alta lucratividade e os problemas que decorrem dessa busca. Além disso, é importante destacar o papel do assistente social, que se baseia na política pública para garantir os direitos do cidadão e os deveres do Estado.

Capítulo 3

Questões para revisão

1. Essa questão deve abordar a relevância do setor cafeeiro e da sua pauta exportadora. É importante dissertar sobre as transformações que se processaram na economia cafeeira e que deram base para o processo de industrialização, como: expansão do capital comercial nacional; trabalho assalariado; estradas de ferro; mecanização do beneficiamento de café; bancos; urbanização. Tudo isso expressa uma nova forma de acumulação de capital

2. Em relação à primeira pergunta, deve-se ter em mente que no processo de industrialização por substituição de importação, o Brasil importava máquinas para começar a produzir bens internamente. O benefício seria libertar o setor industrial da dependência, direta ou indireta, da realização de lucros por parte do setor cafeeiro.

3. d.

4. c.

5. b.

Questão para reflexão

1. O crescimento econômico está relacionado ao aumento do PIB, já o desenvolvimento econômico está relacionado aos indicadores sociais, como, por exemplo, distribuição de renda, acesso à moradia, educação, saúde etc. Na ditadura, o país ficou conhecido pela alta taxa de crescimento, mas sem desenvolvimento econômico. O pensamento era: "Vamos fazer o bolo crescer para depois distribuir", mas as fatias jamais chegaram à mesa das classes mais baixas.

Capítulo 4

Questões para revisão

1. O contexto brasileiro imprimiu especificidades ao desenvolvimento do capitalismo, que ocorreu tardiamente no país. Inicialmente, o Brasil esteve vinculado a uma economia agroexportadora, na qual quem era o detentor de poder era o dono da produção de monocultura, tais como pau-brasil, cana-de-açúcar e café. Posteriormente, com o processo de industrialização tardio, entra em cena o capitalista dono da indústria. De modo geral, nossa economia sempre esteve dependente do capital externo. A população permaneceu à margem dos processos de decisão e à mercê de políticas sociais mínimas. Apesar dos avanços da Constituição de 1988, o contexto neoliberal prejudicou sua efetivação.

2. A questão diz respeito à relação entre capital e trabalho. Trata-se do ponto central do capitalismo, principalmente para os estudos desenvolvidos pelo serviço social, uma vez que essa relação traz como consequência o antagonismo de classes entre burguesia e proletariado. Portanto, há embate entre detentores de capital e da mão de obra, o que gera desigualdade e contradições profundas na sociedade, como a questão social e suas expressões.

3. a.
4. b.
5. d.

Questão para reflexão

1. Você deve apresentar as principais mudanças na sociedade a partir do desenvolvimento do sistema capitalista, tais como divisão do trabalho, a desigualdade, a contradição e divisão de classes, a relação entre trabalho e capital etc.

Capítulo 5

Questões para revisão

1. O capitalismo é o sistema que sobrevive e reproduz a partir da divisão de classes (trabalhadores *versus* burguesia) e das relações desiguais e antagônicas entre elas. Nesse sistema, há a apropriação da riqueza pela burguesia, cabendo ao proletariado apenas a venda de sua mão de obra. Assim, o modo de produção capitalista traz impactos profundos para a sociedade e, consequentemente, para o serviço social e as manifestações da questão social.

2. Aqui, o assunto principal é a questão social original, pois não existe o termo *questões sociais*, e sim *expressões da questão social*. Isso porque, quando tratamos das particularidades de cada contexto, não surge uma nova "questão social" ou outras "questões sociais", mas manifestações ou expressões da "questão social" original, advinda do estabelecimento do capitalismo e da relação capital *versus* trabalho.

3. c.
4. d.
5. a.

Questão para reflexão

1. A questão social deve ser compreendida como objeto de atuação profissional nos diversos espaços sócio-ocupacionais. Tendo em vista que a questão social e suas expressões fazem parte do dia a dia da atuação profissional, é necessária uma análise de conjuntura para identificar suas manifestações para além do imediato e, assim, propor uma resposta com vistas à totalidade da demanda, isto é, à transformação da realidade.

Sobre as autoras

Ana Carolina Vidigal é doutora em Políticas Públicas na linha de Economia Política do Estado Nacional e da Governança Global pela Universidade Federal do Paraná (UFPR), mestre em Serviço Social e Política Social pela Universidade Estadual de Londrina, especialista em Trabalho Social com Famílias pela Universidade Estadual do Paraná (Unespar), e graduada em Serviço Social e Tecnologia em Gestão Pública também pela Unespar. Tem experiência profissional como assistente social nas políticas de Assistência Social e Saúde e como docente na educação superior. Atua como assistente social do Serviço de Transplante de Medula Óssea no Hospital de Clínicas – UFPR e como docente no curso de Serviço Social no Centro Universitário Internacional Uninter.

Pollyanna Rodrigues Gondin é pós-doutoranda no Programa de Políticas Públicas da Universidade Federal do Paraná (UFPR). Doutora em Políticas Públicas pela UFPR, mestre e graduada em Economia pela Universidade Federal de Uberlândia (UFU). Tem experiência na área acadêmica – presencial e à distância – como professora, orientadora e tutora, nos Estados de Minas Gerais e do Paraná. Trabalha como pesquisadora e revisora de periódicos. Atua, principalmente, na área de Organização Industrial e Estudos Industriais, com ênfase nas seguintes temáticas: Micro e Pequenas Empresas, Arranjos Produtivos Locais (APLs), Sistemas de Inovação (SI) e Políticas Industriais.

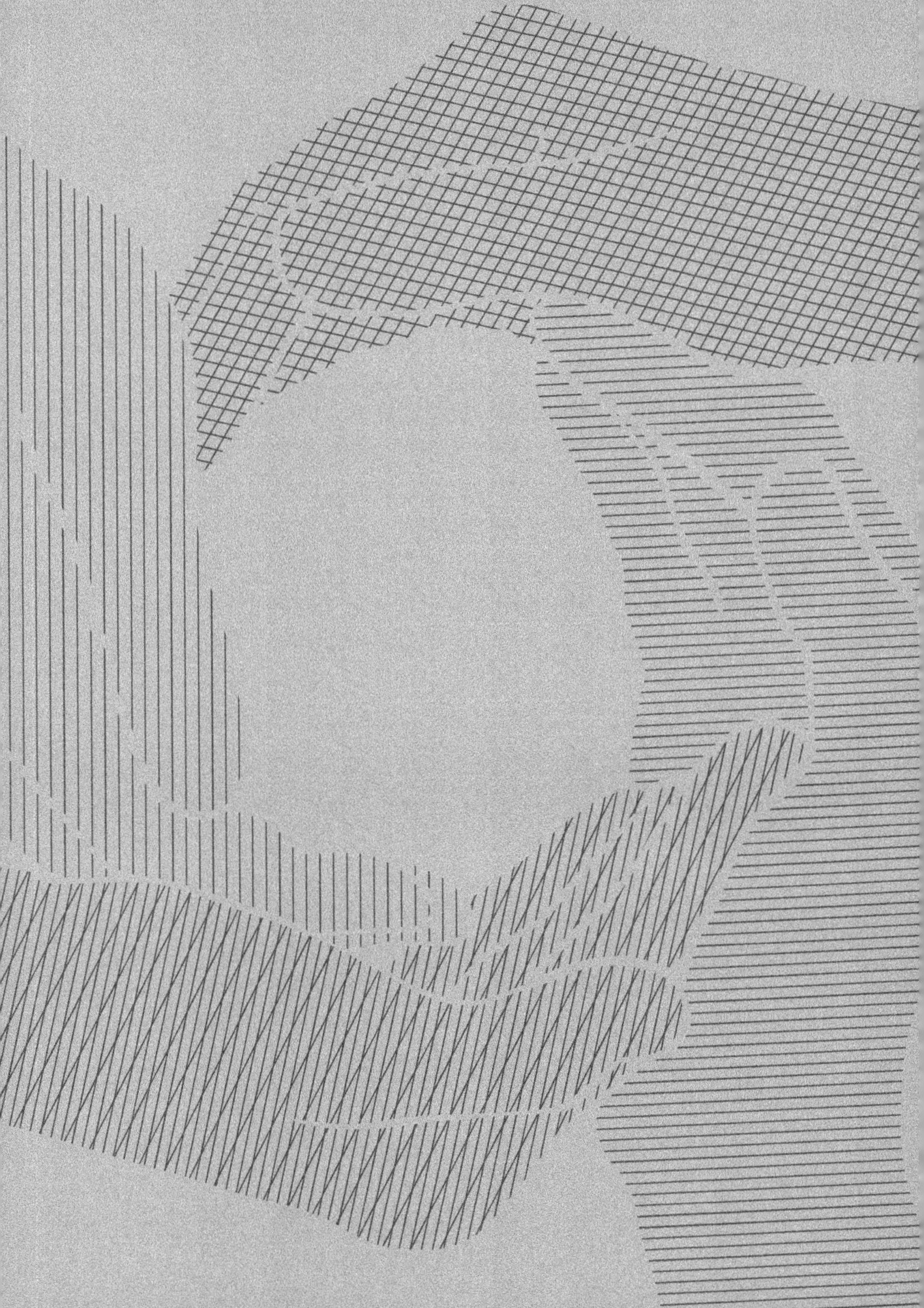

Os papéis utilizados neste livro, certificados por instituições ambientais competentes, são recicláveis, provenientes de fontes renováveis e, portanto, um meio sustentável e natural de informação e conhecimento.

FSC
www.fsc.org
MISTO
Papel produzido
a partir de
fontes responsáveis
FSC® C057341

Impressão: Log&Print Gráfica & Logística S.A.
Março/2021